Otto Mayr

Neue Aufgabenformen im Rechtschreibunterricht

Texte erfassen und überarbeiten

7.–10. Klasse

Kopiervorlagen mit Lösungen

Gedruckt auf umweltbewusst gefertigtem, chlorfrei gebleichtem
und alterungsbeständigem Papier.

1. Auflage 2008
Nach den seit 2006 amtlich gültigen Regelungen der Rechtschreibung
© by Brigg Pädagogik Verlag GmbH, Augsburg

ISBN 978-3-87101-**322**-5
www.brigg-paedagogik.de

Inhalt

Vorwort

Die Neukonzeption des Fachbereichs Rechtschreiben erfordert eine Änderung der bisherigen Inhalte und Ziele des Rechtschreibunterrichts. Dabei wird die bisherige Diktatpraxis durch zeitgemäße Formen ersetzt.

Grundlage dieser Änderung ist eine Neubewertung der Ziele eines effektiven Rechtschreibunterrichts. So wird in den neuen didaktischen Überlegungen das eigentliche Ziel dahingehend definiert, Texte rechtschriftlich korrekt und in einer äußerlich ansprechenden Form vorlegen zu können. Auf ein sauberes Schriftbild und eine angemessene Gestaltung wird großer Wert gelegt. Dabei dürfen Texte unter Zuhilfenahme eines Wörterbuches vom Schüler/von der Schülerin überarbeitet werden.

Diese Neukonzeption der Rechtschreibung geht zunächst von der Integration der Rechtschreibung in die Textproduktion aus, wobei Kenntnisse aus dem Bereich „Sprache untersuchen" für die Rechtschreibung genutzt werden sollen.

Dieser neue Ansatz im Bereich Rechtschreiben fordert neue Wege, neue Methoden. Diese aufzuzeigen, ist Absicht und Inhalt dieses Bandes.
Dabei nimmt die Anwendung von Rechtschreibstrategien eine dominierende Rolle ein. Weitere Aspekte der „neuen Rechtschreibung", die der Lehrer/die Lehrerin in seinen/ihren Unterricht integrieren sollte:
- Regelwissen als grundlegendes Wissen über einfache Rechtschreibregeln
- Ableitungen als Erweiterung des Regelwissens
- Abschreiben als Mittel konzentrierten Schreibens
- Nachschlagen von Wörtern zum sicheren Umgang mit dem Wörterbuch
- Modifizierte Diktate als Ausdruck der neuen Rechtschreibdidaktik
- Textproduktion, ausgehend von Bildern, Schaubildern, Statistiken usw.
- Textkorrektur als wesentlicher Inhalt der neuen Rechtschreibprüfung

Vielfältiges Übungsmaterial, das Anwenden von Rechtschreibstrategien, Lernzielkontrollen (prüfen ein bestimmtes Lernthema ab), Rechtschreibtests (Ermittlung des Lernstands der Schüler/-innen) und Prüfungsvorschläge (zur Vorbereitung für die Prüfungsaufgaben aus dem Kultusministerium) bieten dem Lehrer/der Lehrerin eine Fülle an Möglichkeiten, seine/ihre Schüler/-innen an die Anforderungen des neuen Rechtschreibunterrichts hinzuführen.

Otto Mayr

1. Neukonzeption der Rechtschreibprüfung

1.1 Ziele eines effektiven Rechtschreibunterrichts

Das eigentliche Ziel des Rechtschreibunterrichts ist es, die Schüler/-innen zu befähigen, selbst verfasste Texte in einer rechtschriftlich korrekten und äußerlich ansprechenden Form vorzulegen. Zusätzlich sollen sie in der Lage sein, fremde Texte auf ihre korrekte Schreibung hin zu untersuchen und gegebenenfalls zu korrigieren.

Der Lehrplan geht nun vom Dreischritt „Texte vorbereiten – Texte schreiben – Texte überarbeiten" aus. In diesem Rahmen verfolgt das Schreiben keinen Selbstzweck, sondern ist stets das Mittel, einem Text den letzten, den rechtschriftlich korrekten Schliff zu geben.

Für andere zu schreiben, schließt immer ein, mit einer korrekten äußeren Form und einer sicheren Rechtschreibung für sich zu werben. Deshalb muss auf ein sauberes Schriftbild und eine angemessene Gestaltung ebenso Wert gelegt werden wie auf eine vernünftige Grundlegung der Rechtschreibung.

1.2 Die Integration der Rechtschreibung in die Textproduktion

Das Bewusstsein von komplexen Zusammenhängen sprachlicher Äußerungen bedingt einen integrativen Deutschunterricht. Das heißt, dass der Rechtschreibunterricht im Zusammenhang mit den Bereichen „Schreiben" und „Sprache untersuchen" steht.

Dabei vollzieht sich das Verfassen von Texten immer in den drei Stufen „Texte planen" – „Texte schreiben" – „Texte überarbeiten". Dieses Überarbeiten bezieht sich dabei nicht nur auf sprachliche Mittel, sondern auch auf die ansprechende äußere Form und die Rechtschreibung, wobei vor allem das Anwenden von Rechtschreibstrategien eine dominierende Rolle einnimmt.

Eng damit verbunden ist der Teilbereich „Sprache untersuchen". Kenntnisse über Wortarten, Wortbausteine, Regeln zur Großschreibung, Ableitungen, Satzverknüpfungen mit den entsprechenden Satzzeichen und vieles mehr sollen für die Rechtschreibung genutzt werden.

1.3 Prüfungsformen

Eigene Texte korrekt zu schreiben, ist das Ziel des Deutschunterrichts. Daraus ergeben sich drei wesentliche Prüfungsformen:

I. Modifizierte Diktate: kürzere Texte, die der Schüler/die Schülerin diktiert bekommt, und dann mit unterschiedlichen Methoden im Sinn einer rechtschriftlich korrekten Präsentation überarbeitet.
II. Texte, die auf ihre Richtigkeit hin überprüft werden.
III. Prüfungsformen, die sich auf Teilgebiete der Rechtschreibung (z. B. Großschreibung), auf Arbeitstechniken (z. B. Nachschlagen), Lösungsstrategien (z. B. verwandtes Wort aus der Wortfamilie suchen) oder auf Unterrichtssequenzen (z. B. Merkwörter mit Dehnung) beziehen.

1.4 Testverfahren

Die folgenden Testverfahren können einzeln oder in Kombination angewandt werden:

Mitsprechwörter	Nachdenkwörter	Merkwörter	Strategien	Arbeitstechniken
– Wortlistendiktate, Sätze, Texte nur aus Mitsprechwörtern – kontrastive Entscheidung (ankreuzen) lang oder kurz gesprochener Vokal rot: rot – rott hell: heel – hell	– Einsetzübungen mit Nomen, Anfangsbuchstaben klein/groß – kleingeschriebene Texte richtig aufschreiben – Einsetzübungen Wörter mit e/eu und abgeleitetem ä/äu – Einsetzübungen Wörter mit Auslaut b, d, g – p, t, k – Aufgaben zur Zeichensetzung – Aufgaben wie oben genannt, aber die Regeln oder Strategien müssen benannt werden	– Einsetzübungen von Wörtern mit Regelschreibung und Merkwörtern	– Aufgaben, die die Strategien abfragen – Strategien anwenden lassen	– Wörter, Sätze, Texte aufschreiben – Wörter nachschlagen – kurze eigene Texte kontrollieren und verbessern – kurze fremde Texte kontrollieren und verbessern – modifizierte Diktate

1.5 Beispiel einer grundlegenden Konzeption (QA in Bayern)

Die bisherige Diktatpraxis in der Abschlussprüfung wird durch zeitgemäße Formen ersetzt.

Für die besondere Leistungsfeststellung bedeutet dies konkret, dass sich die Schüler/-innen zunächst mit einem modifizierten Diktat beschäftigen. Hier wird ihnen ein kurzer Text diktiert, der dann mithilfe gelernter Strategien und unter Zuhilfenahme des Wörterbuchs überarbeitet werden muss; Zeitumfang: 15 Minuten. Im Anschluss daran bearbeiten die Schüler/-innen Aufgaben zur Kenntnis der Rechtschreibstrategien, zu weiteren rechtschriftlichen Inhalten und überarbeiten einen Fremdtext; Zeitumfang: 15 Minuten. Das Wörterbuch darf verwendet werden.

Bei der Bewertung wird der Rechtschreibteil und die Textarbeit separat bepunktet. Die jeweils erreichten Punkte werden zur Bildung der Gesamtprüfungsnote addiert. Für die Textarbeit werden zwei Drittel, für die Rechtschreibprüfung ein Drittel der Gesamtpunktzahl vergeben.

2. Formen der Leistungsfeststellung – ein Überblick

1. Rechtschreibstrategien

1.1 Ein Wort in einzelne Silben zerlegen
1.2 Bei Nomen den Plural des Wortes bilden
1.3 Bei Adjektiven die Steigerungsform bilden
1.4 Bei Verben die Infinitivform bilden
1.5 Vor das Wort einen Artikel setzen
1.6 Ein verwandtes Wort aus der Wortfamilie suchen
1.7 Über den Sinn des Wortes nachdenken

2. Regelwissen

2.1 Dehnung
2.2 Mitlautverdoppelung
2.3 Schärfung mit -ck und -tz
2.4 Schreibung der s-Laute
2.5 Schreibung von „das" und „dass"
2.6 Großschreibung
2.7 Trennung von Wörtern
2.8 Getrennt- und Zusammenschreibung

3. Ableitung

3.1 Endungen bei Nomen: -heit, -keit, -ung, -schaft
3.2 Endungen bei Adjektiven: - ig, -isch, -lich, -sam, -los, -bar
3.3 Arbeit mit der Wortfamilie
3.4 Auslautverhärtung b/p, g/k, d/t
3.5 Vergleichsformen bei Adjektiven
3.6 Wir-Formen bei Verben

4. Abschreiben

4.1 Mitsprechwörter abschreiben
4.2 Nachdenk- und Merkwörter abschreiben
4.3 Texte in Sinnabschnitten abschreiben
4.4 Abschreiben in einzelnen selbst festgelegten Sinnschritten

5. Nachschlagen von Wörtern

5.1 Nomen im Singular und im Plural mit Artikel schreiben
5.2 Die Herkunft des Wortes beschreiben (Sprache)
5.3 Die Bedeutung(-en) des Wortes erfassen
5.4 Die Betonung des Wortes beschreiben
5.5 Das Wort trennen
5.6 Die Angaben zur Aussprache des Wortes verstehen
5.7 Mit Abkürzungen arbeiten
5.8 Schreibung des Nomens im Genitiv

Rechtschreibstrategien

1. Ich trenne das Wort in einzelne Silben.

   Beispiel: licht – durch – läs – sig (So höre ich beide „s".)

2. Ich bilde bei Nomen den Plural.

   Beispiel: Turn – schu – he (So höre ich das „h".)

3. Ich bilde bei Adjektiven die Steigerungsform.

   Beispiel: ruhig – ruhiger (So höre ich das „g".)

4. Ich bilde bei Verben den Infinitiv.

   Beispiel: rennt – rennen (So höre ich beide „n".)

5. Ich setze vor das Wort einen Artikel.

   Beispiel: die Mitte (So erkenne ich das Nomen und schreibe
   das Wort groß.)

6. Ich suche ein verwandtes Wort aus der Wortfamilie.

   Beispiel: gläubig: Glauben – glaubhaft – glaubwürdig
   (So erkenne ich den Wortstamm: „au", nicht „eu".)

7. Ich denke über den Sinn des Wortes nach.

   Beispiel: Das sollte man *können*   oder
   Sein *Können* beeindruckte die Prüfer.
   (So erkenne ich, ob es sich um ein Nomen oder ein Verb handelt.)

8. Ich achte auf die Endung des Wortes.

   Beispiel: Großschreibung bei: -schaft; -tum; -heit; -keit; -nis; -ung
   Kleinschreibung bei: -isch; -ig; -lich; -sam; -bar; -haft

9. Ich beachte das Signalwort.

   Beispiel: Großschreibung nach: etwas, viel, wenig, manches, nichts.
   viel Gutes, wenig Nützliches, manches Hässliche,
   etwas Schönes, nichts Brauchbares
   (Das Signalwort signalisiert, dass eine Großschreibung folgt.)

Rechtschreibstrategien

Wenn man nicht weiß, wie ein bestimmtes Wort geschrieben wird, nimmt man ein Wörterbuch zur Hand und das Problem ist gelöst.
Was tun, wenn kein Wörterbuch vorhanden ist?
Rechtschreibstrategien anwenden!
Rechtschreibstrategien sind Möglichkeiten, mit deren Hilfe du herausfinden kannst, wie ein bestimmtes Wort geschrieben wird.

Mit diesen Rechtschreibstrategien wirst du Erfolg haben:

1. Zerlege das Wort in einzelne Silben!

> Wenn du ein schwieriges Wort schreiben musst, trenne es in einzelne Silben, sprich sehr deutlich und mache zwischen den einzelnen Silben eine kurze Pause! (Robotersprache!)
>
> Beispiel: *Har-mo-ni-um*

Schreibe folgende Wörter so wie in Robotersprache auf!

Blumenkohl: _____

argumentieren: _____

beginnen: _____

deinesgleichen: _____

einloggen: _____

Flachzange: _____

Grammatik: _____

hochrechnen: _____

Juwelier: _____

Kasperletheater: _____

Laderampe: _____

Militarismus: _____

Ordnungszahl: _____

Pferdestärke: _____

Rückenmark: _____

schwefelhaltig: _____

Otto Mayr: Neue Aufgabenformen im Rechtschreibunterricht © Brigg Pädagogik Verlag, Augsburg

2. Bilde bei Nomen den Plural des Wortes!

> Die erste Möglichkeit, ein Wort zu verlängern, besteht darin, bei Nomen den Plural zu bilden.
> Häufig hilft diese Strategie, zu entscheiden, ob ein Wort auf „d" oder „t", auf „b" oder „p", auf „g" oder „k" endet.
>
> Beispiel: *der Hund – die Hunde*

Bilde den Plural!

der Wald – _____   das Amt – _____

die Fabrik – _____   der Sarg – _____

der Dieb – _____   das Heft – _____

die Tat – _____   der Grund – _____

3. Bilde bei Adjektiven die Steigerungsform!

> Die zweite Möglichkeit, ein Wort zu verlängern, besteht darin, Adjektive zu steigern!
>
> Beispiel: *dünn – dünner, am dünnsten*

Bilde die Steigerungsformen!

treu – _____   hart – _____

mild – _____   stark – _____

zäh – _____   schwer – _____

ruhig – _____   kurz – _____

4. Bilde bei Verben die Infinitivform!

> Die dritte Möglichkeit, ein Wort zu verlängern, besteht darin, bei Verben den Infinitiv zu bilden! („Wir"-Form!)
>
> Beispiel: *lügt – lügen; er lügt – wir lügen*

Bilde den Infinitiv!

sie antwortet – _____   sie bekam – _____

er sprach – _____   er fiel – _____

es gelang – _____   es lag – _____

es regnete – _____   er schloss – _____

5. Setze vor das Wort einen Artikel!

> Wenn du vor das Wort einen Artikel setzt, erkennst du, ob es sich um ein Nomen handelt.
>
> Beispiel: *Garten – der Garten*

Kann man vor das Wort einen Artikel setzen? Entscheide: Groß- oder Kleinschreibung!

Arbeit – arbeit: _____   bedeuten – Bedeuten: _____

Eisen – eisen: _____   Fall – fall: _____

flach – Flach: _____   lärm – Lärm: _____

Tal – tal: _____   schmutzig – Schmutzig: _____

6. Suche ein verwandtes Wort aus der Wortfamilie!

> Kennst du ein anderes Wort aus der Wortfamilie? Alle Wörter, die miteinander verwandt sind, werden (fast) gleich geschrieben. Die Voraussetzung ist, dass du das „verwandte" Wort richtig schreiben kannst. Ist das der Fall, kannst du innerhalb einer Wortfamilie die richtige Schreibweise leicht ableiten.
>
> Beispiel: *besitzen – Sitzung – Zweisitzer – Vorsitz:* jeweils mit „tz"!

Ergänze mit verwandten Wörtern aus der Wortfamilie!

unerfahren: _____

biegsam: _____

entziehen: _____

das Band: _____

7. Denke über den Sinn des Wortes nach!

> Manchmal kann man die Schreibweise eines Wortes nicht „hören", sondern kann sie nur aus dem Sinnzusammenhang erschließen. Hier musst du die Schreibweise der jeweiligen Bedeutung beachten!
>
> Beispiel: *Viel Spaß!   Der Apfel fiel vom Baum!*

Setze sinngemäß ein: Los oder los? Stadt oder statt?

Wir marschieren jetzt _____. Ich habe das große _____ gezogen.

An der Flussmündung liegt eine kleine _____. Wir planen jetzt _____

eines Museumsbesuches eine Führung durch das neue Stadion.

8. Strategietests

8.1 Welche Lösungsstrategie wendest du an, um das Wort an der markierten Stelle richtig zu schreiben? Kreuze an!

er fällt	Ich achte auf die Endung.	
	Ich bilde die Steigerungsform.	
	Ich überprüfe die Wortart.	
	Ich bilde den Infinitiv und trenne nach Silben.	

das Rad	Ich bilde den Plural.	
	Ich denke über den Sinn des Wortes nach.	
	Ich trenne das Wort.	
	Ich bilde den Infinitiv.	

klug	Ich bilde den Infinitiv.	
	Ich bilde den Singular.	
	Ich steigere das Wort.	
	Ich bilde die erste Vergangenheit.	

8.2 Welche Strategie hilft, das betreffende Wort richtig zu schreiben? Die fett gedruckten Buchstaben stellen das Problem dar.

Angel/angel?	Ich bilde den Plural.	
	Ich steigere das Wort.	
	Ich suche ein verwandtes Wort aus der Wortfamilie.	
	Ich setze einen Artikel vor das Wort.	

Rehabilitation	Ich bilde den Singular.	
	Ich bilde den Infinitiv.	
	Ich trenne das Wort in Silben und spreche genau mit.	
	Ich suche ein verwandtes Wort aus der Wortfamilie.	

Tod/tot?	Ich setze einen Artikel vor das Wort.	
	Ich verlängere das Wort.	
	Ich steigere das Wort.	
	Ich denke über den Sinn des Wortes nach.	

8.3 Welche Lösungshilfe wendest du an, um das Wort an der markierten Stelle richtig zu schreiben? Ordne den richtigen Buchstaben dem Wort zu!

	A	Bilde den Singular!
Konflikt _____	B	Bilde den Infinitiv!
	C	Setze den Artikel davor!
kla**g**t _____	D	Trenne das Wort!
	E	Steigere das Wort!
Schi**ff** _____	F	Bilde den Plural!

8.4 Schreibe zu den markierten Wörtern auf, welche Strategie dir hilft, das Wort richtig zu schreiben!

Wort	Strategie
Er vergr**ä**bt die Truhe.	
Es we**h**t der Wind.	
Monitor	
das Gu**t**	

8.5 Schreibe Problemfälle auf, die mit den angegebenen Strategien zu lösen sind!

Wort	Strategie
	Ich bilde den Infinitiv.
	Ich trenne nach Silben und spreche genau mit.
	Ich bilde den Plural.
	Ich steigere das Wort.

Rechtschreibstrategien

Wenn man nicht weiß, wie ein bestimmtes Wort geschrieben wird, nimmt man ein Wörterbuch zur Hand und das Problem ist gelöst.
Was tun, wenn kein Wörterbuch vorhanden ist?
Rechtschreibstrategien anwenden!
Rechtschreibstrategien sind Möglichkeiten, mit deren Hilfe du herausfinden kannst, wie ein bestimmtes Wort geschrieben wird.

Mit diesen Rechtschreibstrategien wirst du Erfolg haben:

1. Zerlege das Wort in einzelne Silben!

> Wenn du ein schwieriges Wort schreiben musst, trenne es in einzelne Silben, sprich sehr deutlich und mache zwischen den einzelnen Silben eine kurze Pause! (Robotersprache!)
>
> Beispiel: *Har-mo-ni-um*

Schreibe folgende Wörter so wie in Robotersprache auf!

Blumenkohl: **Blu – men – kohl**

argumentieren: **ar – gu – men – tie – ren**

beginnen: **be – gin – nen**

deinesgleichen: **dei – nes – glei – chen**

einloggen: **ein – log – gen**

Flachzange: **Flach – zan – ge**

Grammatik: **Gram – ma – tik**

hochrechnen: **hoch – rech – nen**

Juwelier: **Ju – we – lier**

Kasperletheater: **Kas – per – le – the – a – ter**

Laderampe: **La – de – ram – pe**

Militarismus: **Mi – li – ta – ris – mus**

Ordnungszahl: **Ord – nungs – zahl**

Pferdestärke: **Pfer – de – stär – ke**

Rückenmark: **Rü – cken – mark**

schwefelhaltig: **schwe – fel – hal – tig**

2. Bilde bei Nomen den Plural des Wortes!

Die erste Möglichkeit, ein Wort zu verlängern, besteht darin, bei Nomen den Plural zu bilden.

Häufig hilft diese Strategie, zu entscheiden, ob ein Wort auf „d" oder „t", auf „b" oder „p", auf „g" oder „k" endet.

Beispiel: *der Hund – die Hunde*

Bilde den Plural!

der Wald – **die Wälder**   das Amt – **die Ämter**

die Fabrik – **die Fabriken**   der Sarg – **die Särge**

der Dieb – **die Diebe**   das Heft – **die Hefte**

die Tat – **die Taten**   der Grund – **die Gründe**

3. Bilde bei Adjektiven die Steigerungsform!

Die zweite Möglichkeit, ein Wort zu verlängern, besteht darin, Adjektive zu steigern!

Beispiel: *dünn – dünner, am dünnsten*

Bilde die Steigerungsformen!

treu – **treuer, am treuesten**   hart – **härter, am härtesten**

mild – **milder, am mildesten**   stark – **stärker, am stärksten**

zäh – **zäher, am zähesten**   schwer – **schwerer, am schwersten**

ruhig – **ruhiger, am ruhigsten**   kurz – **kürzer, am kürzesten**

4. Bilde bei Verben die Infinitivform!

Die dritte Möglichkeit, ein Wort zu verlängern, besteht darin, bei Verben den Infinitiv zu bilden! („Wir"-Form!)

Beispiel: *lügt – lügen; er lügt – wir lügen*

Bilde den Infinitiv!

sie antwortet – **antworten**   sie bekam – **bekommen**

er sprach – **sprechen**   er fiel – **fallen**

es gelang – **gelingen**   es lag – **liegen**

es regnete – **regnen**   er schloss – **schließen**

     Otto Mayr: Neue Aufgabenformen im Rechtschreibunterricht © Brigg Pädagogik Verlag, Augsburg

5. Setze vor das Wort einen Artikel!

Wenn du vor das Wort einen Artikel setzt, erkennst du, ob es sich um ein Nomen handelt.

Beispiel: *Garten – der Garten*

Kann man vor das Wort einen Artikel setzen? Entscheide: Groß- oder Kleinschreibung!

Arbeit – arbeit: **die Arbeit**   bedeuten – Bedeuten: **bedeuten**

Eisen – eisen: **das Eisen**   Fall – fall: **der Fall**

flach – Flach: **flach**   lärm – Lärm: **der Lärm**

Tal – tal: **das Tal**   schmutzig – Schmutzig: **schmutzig**

6. Suche ein verwandtes Wort aus der Wortfamilie!

Kennst du ein anderes Wort aus der Wortfamilie? Alle Wörter, die miteinander verwandt sind, werden (fast) gleich geschrieben. Die Voraussetzung ist, dass du das „verwandte" Wort richtig schreiben kannst. Ist das der Fall, kannst du innerhalb einer Wortfamilie die richtige Schreibweise leicht ableiten.

Beispiel: *besitzen – Sitzung – Zweisitzer – Vorsitz:* jeweils mit „tz"!

Ergänze mit verwandten Wörtern aus der Wortfamilie!

unerfahren: **Erfahrung – befahren – abfahren – Vorfahren – Hinfahrt – fahrbar**

biegsam: **Biegung – verbiegen – abbiegen – einbiegen – Biegsamkeit**

entziehen: **Erziehung – entziehen – abziehen – Beziehung – hinziehen**

das Band: **die Familienbande – die Bänder – binden – Bandwurm – verbinden**

7. Denke über den Sinn des Wortes nach!

Manchmal kann man die Schreibweise eines Wortes nicht „hören", sondern kann sie nur aus dem Sinnzusammenhang erschließen. Hier musst du die Schreibweise der jeweiligen Bedeutung beachten!

Beispiel: *Viel Spaß!   Der Apfel fiel vom Baum!*

Setze sinngemäß ein: Los oder los? Stadt oder statt?

Wir marschieren jetzt **los**. Ich habe das große **Los** gezogen.

An der Flussmündung liegt eine kleine **Stadt**. Wir planen jetzt **statt**

eines Museumsbesuches eine Führung durch das neue Stadion.

8. Strategietests

8.1 Welche Lösungsstrategie wendest du an, um das Wort an der markierten Stelle richtig zu schreiben? Kreuze an!

er fällt	Ich achte auf die Endung.	
	Ich bilde die Steigerungsform.	
	Ich überprüfe die Wortart.	
	Ich bilde den Infinitiv und trenne nach Silben.	✗

das Rad	Ich bilde den Plural.	✗
	Ich denke über den Sinn des Wortes nach.	
	Ich trenne das Wort.	
	Ich bilde den Infinitiv.	

klug	Ich bilde den Infinitiv.	
	Ich bilde den Singular.	
	Ich steigere das Wort.	✗
	Ich bilde die erste Vergangenheit.	

8.2 Welche Strategie hilft, das betreffende Wort richtig zu schreiben? Die fett gedruckten Buchstaben stellen das Problem dar.

Angel/angel?	Ich bilde den Plural.	
	Ich steigere das Wort.	
	Ich suche ein verwandtes Wort aus der Wortfamilie.	
	Ich setze einen Artikel vor das Wort.	✗

Rehabilitation	Ich bilde den Singular.	
	Ich bilde den Infinitiv.	
	Ich trenne das Wort in Silben und spreche genau mit.	✗
	Ich suche ein verwandtes Wort aus der Wortfamilie.	

Tod/tot?	Ich setze einen Artikel vor das Wort.	
	Ich verlängere das Wort.	
	Ich steigere das Wort.	
	Ich denke über den Sinn des Wortes nach.	✗

Otto Mayr: Neue Aufgabenformen im Rechtschreibunterricht © Brigg Pädagogik Verlag, Augsburg

8.3 Welche Lösungshilfe wendest du an, um das Wort an der markierten Stelle richtig zu schreiben? Ordne den richtigen Buchstaben dem Wort zu!

		A	Bilde den Singular!
Konflikt	**C**	B	Bilde den Infinitiv!
		C	Setze den Artikel davor!
kla**g**t	**B**	D	Trenne das Wort!
		E	Steigere das Wort!
Schi**ff**	**F**	F	Bilde den Plural!

8.4 Schreibe zu den markierten Wörtern auf, welche Strategie dir hilft, das Wort richtig zu schreiben!

Wort	Strategie
Er vergr**ä**bt die Truhe.	*Ich suche Wörter aus der Wortfamilie „graben".*
Es we**h**t der Wind.	*Ich bilde den Infinitiv („Wir"-Form).*
Monitor	*Ich setze den Artikel vor das Wort.*
das Gu**t**	*Ich bilde den Plural.*

8.5 Schreibe Problemfälle auf, die mit den angegebenen Strategien zu lösen sind!

Wort	Strategie
er rannte: rennen	Ich bilde den Infinitiv.
Kassette: Kas–set–te	Ich trenne nach Silben und spreche genau mit.
das Rad: die Räder	Ich bilde den Plural.
flink – flinker, am flinkesten	Ich steigere das Wort.

Regelwissen

Obwohl es immer Ausnahmen von Rechtschreibregeln gibt, kann man doch mit einem stabilen Regelwissen Rechtschreibfehler vermeiden.
Deshalb ist es notwendig, die wichtigsten Rechtschreibregeln zu überdenken und anzuwenden. Die folgende Übersicht soll dir dabei helfen.

1. Dehnung

In unserer Sprache kommen Dehnungen sehr häufig vor. Dehnungen sind Teile eines Wortes, die lang gesprochen werden. Als Beispiele sind zu nennen:

Dehnung durch -ie	*Dehnung durch -h*	*Dehnung durch Verdoppelung eines Selbstlauts*
z. B.: besiegen	*z. B.: Sohn*	*z. B.: Meer*

Finde jeweils fünf Beispiele für die einzelnen Dehnungsformen!

_____ _____ _____

_____ _____ _____

_____ _____ _____

_____ _____ _____

_____ _____ _____

Es gibt aber auch Ausnahmen. Welche dieser Wörter weisen keine dieser Dehnungsformen auf, obwohl sie gedehnt gesprochen werden? Kreuze an!

◯ befehlen   ◯ das Blut   ◯ der Diebstahl

◯ die Jagd   ◯ das Haar   ◯ das Gefühl

◯ der Ruhm   ◯ riesig   ◯ das Lot

Innerhalb einer Wortfamilie werden Dehnungsformen meist beibehalten.

Ergänze mit Wörtern aus der Wortfamilie!

der Lohn

2. Mitlautverdoppelung

Nach kurz gesprochenem Selbstlaut wird der folgende Mitlaut verdoppelt:

z. B.: *kommen, massig, Schiff, knarren, Ebbe, Dotter, knuddeln, Bagger.*

Finde jeweils fünf Beispiele für die angegebene Mitlautverdoppelung!
Lies jedes Wort dabei laut vor!

ff	ll	mm
_____	_____	_____
_____	_____	_____
_____	_____	_____
_____	_____	_____
_____	_____	_____

nn	rr	pp
_____	_____	_____
_____	_____	_____
_____	_____	_____
_____	_____	_____
_____	_____	_____

3. Schärfung mit -ck und -tz

Nach kurz gesprochenem Selbstlaut: „ck" – nach lang gesprochenem Selbstlaut: „k".
Nach kurz gesprochenem Selbstlaut: „tz" – nach lang gesprochenem Selbstlaut: „z".

Ordne in die entsprechenden Spalten ein und ergänze mit weiteren Beispielen aus deinem Wörterbuch! Sprich dabei laut und deutlich, um den Unterschied zwischen kurz gesprochenem und lang gesprochenem Selbstlaut erkennbar werden zu lassen!

sitzen – Hecke – Paket – witzig – Haken – Hyazinthe – blicken – Ozon

Wörter mit -ck:	Wörter mit -k:	Wörter mit -tz:	Wörter mit -z:
_____	_____	_____	_____
_____	_____	_____	_____
_____	_____	_____	_____
_____	_____	_____	_____
_____	_____	_____	_____

4. Schreibung der s-Laute

> Als allgemeine Regel kann gelten:
> Nach kurz gesprochenem Selbstlaut schreibt man „ss", nach lang gesprochenem
> Selbstlaut folgt „ß" oder „s".

Ergänze die folgende Tabelle mit Wörtern aus dem Wörterbuch! Trage die Wörter betont und deutlich vor!

Kurz gesprochener Selbstlaut: ss	Lang gesprochener Selbstlaut: ß	Lang gesprochener Selbstlaut: s
vergessen	stoßen	Gras

5. Schreibung von „das" und „dass"

Das Wort „das" kann ein Artikel (z. B.: das Auto) oder ein Pronomen (z. B.: Das Buch, das ich gekauft habe, …) sein; das Wort „dass" ist eine Konjunktion (z. B.: Ich hoffe, dass du mich verstehst!).

Setze nach deinem Sprachgefühl in den Satz ein und bezeichne die Wortart (A = Artikel, P = Pronomen, K = Konjunktion)! Erkläre dann deine Vorgehensweise! Als Pronomen kommen auch „der" und „die" vor.

Hier liegt _____ Werkzeug, _____ ich schon lange gesucht habe. Ich

denke, _____ es heute noch regnen wird. Ohne _____ Thermometer

lässt sich die Temperatur nicht messen. Ich kaufe _____ T-Shirt, _____

ich gestern im Katalog gesehen habe. Das ist der Mann, _____ gestern seine

Geldbörse verloren hat. Bernd meint, _____ die Party um 20.00 Uhr beginnt.

Die Sahara ist ein großes Wüstengebiet, _____ in Afrika liegt. Der Vertreter,

_____ Herrn Müller beraten hatte, verabschiedete sich und besuchte noch

einen weiteren Kunden. Die Frage, _____ der Lehrer stellte, konnte der

Schüler sicher beantworten. _____ Hotel, _____ im Reisekatalog

empfohlen worden war, erwies sich als ein Vier-Sterne-Hotel. _____ sich der

Kauf gelohnt hatte, konnte Frau Schreiber sofort feststellen. Die Fans hoffen,

_____ ihre Mannschaft ins Endspiel gelangt. Das Kind denkt, _____ das

Essen lecker schmecken wird.

6. Großschreibung

Fehler in der Groß- und Kleinschreibung sind eine der am häufigsten vorkommenden Fehler in der Rechtschreibung. Die folgende Übersicht fasst die wichtigsten Regeln zusammen.

6.1

> Namen, Nomen, Satzanfänge werden großgeschrieben. Wörter mit den Endungen -heit, -keit, -ung, -mus, -ment, -tät sind Nomen und werden großgeschrieben.

- Herr _____ wohnt in der Römerstraße.

- Frau Bauer kauft Brötchen und Kuchen in der _____.

- _____ beginnt der Unterricht.

Bilde aus den vorgegebenen Wörtern Nomen mit den typischen Endungen! Finde weitere Beispiele in deinem Wörterbuch!

heiter – spannend – kommunistisch – frei – solidarisch – parlamentarisch

_____

_____

6.2

> Die Anredepronomen „du", „ihr", „dein", „euer" … können in Briefen großgeschrieben werden, die Anredepronomen „Sie", „Ihnen" müssen großgeschrieben werden.

Liebe Sarah!

Ich hoffe, _____ freust _____ bereits auf meinen Besuch in der

nächsten Woche. – Ich habe _____ Brief erhalten und bedanke

mich bei Ihnen.

6.3

> Verben werden als Nomen gebraucht. Wenn Verben substantiviert werden, müssen sie großgeschrieben werden.

Das _____ der Blumen ist im Stadtpark nicht erlaubt.

Das _____ eines Festes kostet viel Zeit.

6.4

> Adjektive werden als Nomen gebraucht. Wenn Adjektive substantiviert werden, müssen sie großgeschrieben werden. Wichtig ist dabei, dass man auch die Schlüsselwörter kennt (etwas, viel, manches, wenig, alles …)

Das _____ (blau) des Himmels zeigte sich über den Bergen.

Heute haben wir etwas _____ (lustiges) über Simone erfahren.

Peter hat viel _____ (süß) in seiner Jackentasche.

Fällt euch denn nichts _____ (besser) ein?

7. Trennung von Wörtern

Finde zu den einzelnen Regeln Beispiele aus dem Wörterbuch!

7.1 Trenne die Wörter nach Sprechsilben, z. B.: Ra – ke – te.

_____

7.2 „st" wird zwischen „s" und „t", „tz" wird zwischen „t" und „z" getrennt, z. B.: Fens – ter, Pfüt – ze.

_____

7.3 Bei Sprechsilben wird „tz" nicht getrennt, z. B.: plötz – lich.

_____

7.4 Beim Trennen kommt das „ck" zur zweiten Silbe, z. B.: Zu – cker.

_____

7.5 Beim Trennen von „ss" werden die beiden „s" getrennt, z. B.: fas – sen.

_____

7.6 Beim Trennen kommt das „ß" zur zweiten Silbe, z. B.: schie – ßen.

_____

8. Getrennt- und Zusammenschreibung

Hierbei handelt es sich um ein recht unübersichtliches Kapitel der Rechtschreibung. Deshalb nur zwei grundsätzliche Regeln.

8.1 Verbindungen aus Verb + Verb werden in der Regel getrennt geschrieben, z. B.: spazieren gehen. Verbindungen mit „bleiben" und „lassen" dürfen bei übertragener Bedeutung zusammengeschrieben werden, z. B.: sitzenbleiben (nicht versetzt werden), sitzen bleiben (auf der Bank).

8.2 Bei der Verbindung Nomen + Verb schreibt man in der Regel getrennt, z. B.: Rad fahren, Auto fahren. Hat das Nomen seine Eigenständigkeit verloren, schreibt man zusammen. Merke dir am besten folgenden Kasten!

> *eislaufen – kopfstehen – leidtun – nottun – standhalten – stattfinden – teilhaben – teilnehmen – wundernehmen*

Regelwissen

Obwohl es immer Ausnahmen von Rechtschreibregeln gibt, kann man doch mit einem stabilen Regelwissen Rechtschreibfehler vermeiden.
Deshalb ist es notwendig, die wichtigsten Rechtschreibregeln zu überdenken und anzuwenden. Die folgende Übersicht soll dir dabei helfen.

1. Dehnung

In unserer Sprache kommen Dehnungen sehr häufig vor. Dehnungen sind Teile eines Wortes, die lang gesprochen werden. Als Beispiele sind zu nennen:

Dehnung durch -ie	*Dehnung durch -h*	*Dehnung durch Verdoppelung eines Selbstlauts*
z. B.: besiegen	*z. B.: Sohn*	*z. B.: Meer*

Finde jeweils fünf Beispiele für die einzelnen Dehnungsformen!

Stiefel	Mohn	Zoo
operieren	Fehler	leer
liefern	befahrbar	Aal
Miene	ehrlich	Boot
Wiese	erzählen	Galeere

Es gibt aber auch Ausnahmen. Welche dieser Wörter weisen keine dieser Dehnungsformen auf, obwohl sie gedehnt gesprochen werden? Kreuze an!

( ) befehlen   (X) das Blut   ( ) der Diebstahl

(X) die Jagd   ( ) das Haar   ( ) das Gefühl

( ) der Ruhm   ( ) riesig   (X) das Lot

Innerhalb einer Wortfamilie werden Dehnungsformen meist beibehalten.

Ergänze mit Wörtern aus der Wortfamilie!

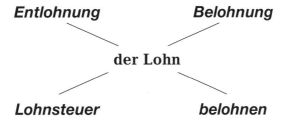

Entlohnung   Belohnung

der Lohn

Lohnsteuer   belohnen

2. Mitlautverdoppelung

> Nach kurz gesprochenem Selbstlaut wird der folgende Mitlaut verdoppelt:
>
> z.B.: *kommen, massig, Schiff, knarren, Ebbe, Dotter, knuddeln, Bagger.*

Finde jeweils fünf Beispiele für die angegebene Mitlautverdoppelung!
Lies jedes Wort dabei laut vor!

ff	ll	mm
Neffe	**fallen**	**Hammer**
Kartoffel	**Keller**	**brummen**
Begriff	**Kontrolle**	**fromm**
gaffen	**rollen**	**klemmen**
effektiv	**Stellung**	**Schwamm**

nn	rr	pp
beginnen	**korrigieren**	**Mappe**
nennen	**sperren**	**hoppeln**
sonnig	**ausharren**	**Koppelung**
innerhalb	**Horror**	**Kuppel**
Tonne	**murren**	**kippen**

3. Schärfung mit -ck und -tz:

> Nach kurz gesprochenem Selbstlaut: „ck" – nach lang gesprochenem Selbstlaut: „k".
> Nach kurz gesprochenem Selbstlaut: „tz" – nach lang gesprochenem Selbstlaut: „z".

Ordne in die entsprechenden Spalten ein und ergänze mit weiteren Beispielen aus deinem Wörterbuch! Sprich dabei laut und deutlich, um den Unterschied zwischen kurz gesprochenem und lang gesprochenem Selbstlaut erkennbar werden zu lassen!

> sitzen – Hecke – Paket – witzig – Haken – Hyazinthe – blicken – Ozon

Wörter mit -ck:	Wörter mit -k:	Wörter mit -tz:	Wörter mit -z:
Hecke	**Paket**	**sitzen**	**Hyazinthe**
blicken	**Haken**	**witzig**	**Ozon**
necken	**Koks**	**platzieren**	**duzen**
packen	**häkeln**	**Dutzend**	**grazil**
Zweck	**Bukett**	**Blitz**	**produzieren**

Otto Mayr: Neue Aufgabenformen im Rechtschreibunterricht © Brigg Pädagogik Verlag, Augsburg

4. Schreibung der s-Laute

> Als allgemeine Regel kann gelten:
> Nach kurz gesprochenem Selbstlaut schreibt man „ss", nach lang gesprochenem Selbstlaut folgt „ß" oder „s".

Ergänze die folgende Tabelle mit Wörtern aus dem Wörterbuch! Trage die Wörter betont und deutlich vor!

Kurz gesprochener Selbstlaut: ss	Lang gesprochener Selbstlaut: ß	Lang gesprochener Selbstlaut: s
vergessen	stoßen	Gras
Wasser	**maßvoll**	**Basis**
Drossel	**Kloß**	**Diagnose**
fesseln	**Buße**	**Hypotenuse**
Gasse	**spaßig**	**Los**
Kuss	**großartig**	**Nase**

5. Schreibung von „das" und „dass"

Das Wort „das" kann ein Artikel (z. B.: das Auto) oder ein Pronomen (z. B.: Das Buch, das ich gekauft habe, …) sein; das Wort „dass" ist eine Konjunktion (z. B.: Ich hoffe, dass du mich verstehst!).

Setze nach deinem Sprachgefühl in den Satz ein und bezeichne die Wortart (A = Artikel, P = Pronomen, K = Konjunktion)! Erkläre dann deine Vorgehensweise! Als Pronomen kommen auch „der" und „die" vor.

Hier liegt __*das (A)*__ Werkzeug, __*das (P)*__ ich schon lange gesucht habe. Ich denke, __*dass (K)*__ es heute noch regnen wird. Ohne __*das (A)*__ Thermometer lässt sich die Temperatur nicht messen. Ich kaufe __*das (A)*__ T-Shirt, __*das (P)*__ ich gestern im Katalog gesehen habe. Das ist der Mann, __*der (P)*__ gestern seine Geldbörse verloren hat. Bernd meint, __*dass (K)*__ die Party um 20.00 Uhr beginnt. Die Sahara ist ein großes Wüstengebiet, __*das (P)*__ in Afrika liegt. Der Vertreter, __*der (P)*__ Herrn Müller beraten hatte, verabschiedete sich und besuchte noch einen weiteren Kunden. Die Frage, __*die (P)*__ der Lehrer stellte, konnte der Schüler sicher beantworten. __*Das (A)*__ Hotel, __*das (P)*__ im Reisekatalog empfohlen worden war, erwies sich als ein Vier-Sterne-Hotel. __*Dass (K)*__ sich der Kauf gelohnt hatte, konnte Frau Schreiber sofort feststellen. Die Fans hoffen, __*dass (K)*__ ihre Mannschaft ins Endspiel gelangt. Das Kind denkt, __*dass (K)*__ das Essen lecker schmecken wird.

6. Großschreibung

Fehler in der Groß- und Kleinschreibung sind eine der am häufigsten vorkommenden Fehler in der Rechtschreibung. Die folgende Übersicht fasst die wichtigsten Regeln zusammen.

6.1 | Namen, Nomen, Satzanfänge werden großgeschrieben. Wörter mit den Endungen -heit, -keit, -ung, -mus, -ment, -tät sind Nomen und werden großgeschrieben.

- Herr ___*Sailer*___ wohnt in der Römerstraße.

- Frau Bauer kauft Brötchen und Kuchen in der ___*Bäckerei*___ .

- ___*Nun*___ beginnt der Unterricht.

Bilde aus den vorgegebenen Wörtern Nomen mit den typischen Endungen!
Finde weitere Beispiele in deinem Wörterbuch!

heiter – spannend – kommunistisch – frei – solidarisch – parlamentarisch

Heiterkeit – Spannung – Kommunismus – Freiheit

Solidarität – Parlament

6.2 | Die Anredepronomen „du", „ihr", „dein", „euer" … können in Briefen großgeschrieben werden, die Anredepronomen „Sie", „Ihnen" müssen großgeschrieben werden.

Liebe Sarah!

Ich hoffe, ___*Du (du)*___ freust ___*Dich (dich)*___ bereits auf meinen Besuch in der

nächsten Woche. – Ich habe ___*Ihren*___ Brief erhalten und bedanke

mich bei Ihnen.

6.3 | Verben werden als Nomen gebraucht. Wenn Verben substantiviert werden, müssen sie großgeschrieben werden.

Das ___*Pflücken*___ der Blumen ist im Stadtpark nicht erlaubt.

Das ___*Planen*___ eines Festes kostet viel Zeit.

6.4 | Adjektive werden als Nomen gebraucht. Wenn Adjektive substantiviert werden, müssen sie großgeschrieben werden. Wichtig ist dabei, dass man auch die Schlüsselwörter kennt (etwas, viel, manches, wenig, alles …)

Das ___*Blau*___ (blau) des Himmels zeigte sich über den Bergen.

Heute haben wir etwas ___*Lustiges*___ (lustiges) über Simone erfahren.

Peter hat viel ___*Süßes*___ (süß) in seiner Jackentasche.

Fällt euch denn nichts ___*Besseres*___ (besser) ein?

7. Trennung von Wörtern

Finde zu den einzelnen Regeln Beispiele aus dem Wörterbuch!

7.1 Trenne die Wörter nach Sprechsilben, z. B.: Ra – ke – te!

Ein – la – dung, Ge – ne – ra – tor, hu – ma – ni – tär, er – fin – den

7.2 „st" wird zwischen „s" und „t", „tz" wird zwischen „t" und „z" getrennt, z. B.: Fens – ter, Pfüt – ze

ges – tern, Kos – ten, Hit – ze, krat – zen

7.3 Bei Sprechsilben wird „tz" nicht getrennt, z. B.: plötz – lich.

Metz – ger, trotz – dem

7.4 Beim Trennen kommt das „ck" zur zweiten Silbe, z. B.: Zu – cker.

Rü – cken, bli – cken, lo – cker, drü – cken

7.5 Beim Trennen von „ss" werden die beiden „s" getrennt, z. B.: fas – sen.

Schlüs – sel, es – sen, Tas – se, Was – ser

7.6 Beim Trennen kommt das „ß" zur zweiten Silbe, z. B.: schie – ßen.

bei – ßen, sto – ßen, grü – ßen, schlie – ßen

8. Getrennt- und Zusammenschreibung

Hierbei handelt es sich um ein recht unübersichtliches Kapitel der Rechtschreibung. Deshalb nur zwei grundsätzliche Regeln.

8.1 Verbindungen aus Verb + Verb werden in der Regel getrennt geschrieben, z. B.: spazieren gehen. Verbindungen mit „bleiben" und „lassen" dürfen bei übertragener Bedeutung zusammengeschrieben werden, z. B.: sitzenbleiben (nicht versetzt werden), sitzen bleiben (auf der Bank).

8.2 Bei der Verbindung Nomen + Verb schreibt man in der Regel getrennt, z. B.: Rad fahren, Auto fahren. Hat das Nomen seine Eigenständigkeit verloren, schreibt man zusammen. Merke dir am besten folgenden Kasten!

eislaufen – kopfstehen – leidtun – nottun – standhalten – stattfinden – teilhaben – teilnehmen – wundernehmen

Ableitung

Ableitungen eignen sich vor allem zur Analyse der eigenen Fehler und lassen auch die Lernfortschritte deutlich erkennen.

Einige Formen von Ableitungen, die zum fehlerfreien Schreiben beitragen können, sind hier zusammengefasst.

1. Endungen bei Nomen: -heit, -keit, -ung, -schaft

Wenn ein Wort eine solche Endung aufweist, heißt das für dich: Dies ist ein Nomen und wird großgeschrieben.

Leite aus den folgenden Verben und Adjektiven Nomen ab und trage sie in die einzelnen Spalten ein! Ergänze jede Spalte mit eigenen Wörtern!

sicher – entwickeln – möglich – verwandt – begabt – eigen – dunkel – tapfer

-heit	-keit	-ung	-schaft

2. Endungen bei Adjektiven: -ig, -isch, -lich, -sam, -los, -bar

Wenn ein Wort eine solche Endung aufweist, heißt das für dich: Dies ist ein Adjektiv und wird kleingeschrieben.

Leite aus den folgenden Verben und Nomen Adjektive ab und ergänze die Zeilen mit eigenen Wörtern!

fürchten – Kind – lachen – Dank – hasten – Erfolg

-ig: _____

-isch: _____

-lich: _____

-sam: _____

-los: _____

-bar: _____

Otto Mayr: Neue Aufgabenformen im Rechtschreibunterricht © Brigg Pädagogik Verlag, Augsburg

3. Arbeit mit der Wortfamilie

Wörter, die denselben Stamm haben, bezeichnet man als „Wortfamilie". Für dich ist wichtig zu wissen, dass das Kernwort jeweils gleich geschrieben wird, z. B. **fah**ren – Ge**fah**r – **fah**rbar.

Bilde Wörter mit der Wortfamilie „preisen"!

preisen

Bilde Wörter mit der Wortfamilie „Kontrolle"!

Kontrolle

4. Auslautverhärtung b/p, g/k, d/t

Um Auslaute richtig schreiben zu können, bietet sich als Ableitungsmöglichkeit die Pluralbildung von Nomen an. Oft hilft diese Möglichkeit zu entscheiden: b oder p, g oder k, d oder t.

Bilde den Plural und sprich das Wort überdeutlich aus!

der Sarg – _____	der Park – _____
das Grab – _____	der Ulk – _____
der Hort – _____	der Stand – _____
der Korb – _____	die Klinik – _____
der Feind – _____	das Paket – _____
der Flug – _____	das Werk – _____

5. Vergleichsformen bei Adjektiven

Wenn Unsicherheiten bei der Schreibweise von Adjektiven bestehen, ist es oft sehr hilfreich, das Adjektiv zu steigern.

schlank – _____	grob – _____
stark – _____	klug – _____
zäh – _____	wild – _____
klug – _____	hart – _____
dick – _____	weit – _____

6. Infinitiv bei Verben

Bilde den Infinitiv (bzw. die Wir-Form) bei den folgenden Verbformen! Beschreibe die Rechtschreibschwierigkeit der einzelnen Verben!

anerkannt – _____	nannte – _____
gemalt – _____	lieh – _____
brannte – _____	gebar – _____
geglommen – _____	sinkend – _____
befahl – _____	gestohlen – _____
winkend – _____	diskutierend – _____
geflüstert – _____	nahm – _____

7. Übung

Ergänze in der folgenden Tabelle die fehlenden Wörter! (Lies die Tabelle von links nach rechts!)

Nomen (mit Artikel)	Verb (im Infinitiv)	Adjektiv
der Dank		
	laufen	
		hässlich
der Rat		
		schwärmerisch

Ableitung

Ableitungen eignen sich vor allem zur Analyse der eigenen Fehler und lassen auch die Lernfortschritte deutlich erkennen.
Einige Formen von Ableitungen, die zum fehlerfreien Schreiben beitragen können, sind hier zusammengefasst.

1. Endungen bei Nomen: -heit, -keit, -ung, -schaft

Wenn ein Wort eine solche Endung aufweist, heißt das für dich: Dies ist ein Nomen und wird großgeschrieben.

Leite aus den folgenden Verben und Adjektiven Nomen ab und trage sie in die einzelnen Spalten ein! Ergänze jede Spalte mit eigenen Wörtern!

sicher – entwickeln – möglich – verwandt – begabt – eigen – dunkel – tapfer

-heit	-keit	-ung	-schaft
Sicherheit	*Möglichkeit*	*Entwicklung*	*Verwandtschaft*
Dunkelheit	*Tapferkeit*	*Begabung*	*Eigenschaft*

2. Endungen bei Adjektiven: -ig, -isch, -lich, -sam, -los, -bar

Wenn ein Wort eine solche Endung aufweist, heißt das für dich: Dies ist ein Adjektiv und wird kleingeschrieben.

Leite aus den folgenden Verben und Nomen Adjektive ab und ergänze die Zeilen mit eigenen Wörtern!

fürchten – Kind – lachen – Dank – hasten – Erfolg

-ig: *hastig*

-isch: *kindisch*

-lich: *lächerlich*

-sam: *furchtsam*

-los: *erfolglos*

-bar: *dankbar*

3. Arbeit mit der Wortfamilie

> Wörter, die denselben Stamm haben, bezeichnet man als „Wortfamilie". Für dich ist wichtig zu wissen, dass das Kernwort jeweils gleich geschrieben wird, z. B. f**ah**ren – Gef**ahr** – f**ah**rbar.

Bilde Wörter mit der Wortfamilie „preisen"!

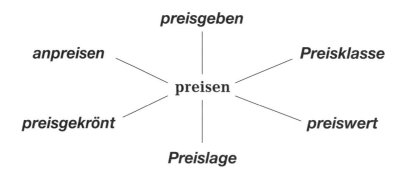

Bilde Wörter mit der Wortfamilie „Kontrolle"!

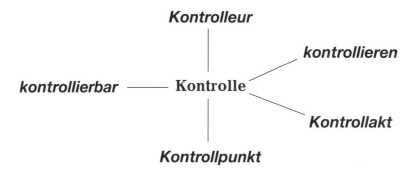

4. Auslautverhärtung b/p, g/k, d/t

Um Auslaute richtig schreiben zu können, bietet sich als Ableitungsmöglichkeit die Pluralbildung von Nomen an. Oft hilft diese Möglichkeit zu entscheiden: b oder p, g oder k, d oder t.

Bilde den Plural und sprich das Wort überdeutlich aus!

der Sarg –	**die Särge**	der Park –	**die Parks**
das Grab –	**die Gräber**	der Ulk –	**die Ulke**
der Hort –	**die Horte**	der Stand –	**die Stände**
der Korb –	**die Körbe**	die Klinik –	**die Kliniken**
der Feind –	**die Feinde**	das Paket –	**die Pakete**
der Flug –	**die Flüge**	das Werk –	**die Werke**

5. Vergleichsformen bei Adjektiven

Wenn Unsicherheiten bei der Schreibweise von Adjektiven bestehen, ist es oft sehr hilfreich, das Adjektiv zu steigern.

schlank – **schlanker**   grob – **gröber**

stark – **stärker**   klug – **klüger**

zäh – **zäher**   wild – **wilder**

klug – **klüger**   hart – **härter**

dick – **dicker**   weit – **weiter**

6. Infinitiv bei Verben

Bilde den Infinitiv (bzw. die Wir-Form) bei den folgenden Verbformen! Beschreibe die Rechtschreibschwierigkeit der einzelnen Verben!

anerkannt – **anerkennen**   nannte – **nennen**

gemalt – **malen**   lieh – **leihen**

brannte – **brennen**   gebar – **gebären**

geglommen – **glimmen**   sinkend – **sinken**

befahl – **befehlen**   gestohlen – **stehlen**

winkend – **winken**   diskutierend – **diskutieren**

geflüstert – **flüstern**   nahm – **nehmen**

7. Übung

Ergänze in der folgenden Tabelle die fehlenden Wörter! (Lies die Tabelle von links nach rechts!)

Nomen (mit Artikel)	Verb (im Infinitiv)	Adjektiv
der Dank	**danken**	**dankbar**
der Lauf	laufen	**läuferisch**
der Hass	**hassen**	hässlich
der Rat	**raten**	**rätselhaft**
der Schwarm	**schwärmen**	schwärmerisch

Abschreiben

Für das Rechtschreiben stellt das Abschreiben von Wörtern, Sätzen und Texten eine wichtige Übung zur Aneignung der richtigen Schreibweise dar.
Beim Abschreiben konzentrierst du dich bewusst auf die einzelnen Wörter.
Rechtschreibbesonderheiten prägen sich so besser ein.

Das Abschreibtraining in 6 Schritten

1. Anschauen, sprechen, hören:
   Schau das Wort/die Textstelle genau an, sprich es deutlich nach und höre in das Wort hinein!

2. Entdecken, kommentieren:
   Entdecke die schwierige Stelle im Wort/in der Textstelle und nenne die Rechtschreibschwierigkeit, die in einem Wort steckt!

3. Einprägen:
   Präge dir das Wort/die Textstelle ein und sprich in Silben mit!

4. Vergleichen:
   Vergleiche das „Wortbild", das du im Kopf hast, mit der Vorlage.

5. Schreibe nun das Wort/die Textstelle auswendig auf!

6. Überprüfe das Wort mit der Vorlage und berichtige, wenn nötig!

---

1. Mitsprechwörter abschreiben

Schau dir Wort für Wort genau an, sprich deutlich vor und schreibe auswendig auf!

Tomate, Nase, Salat, Technik, schlank, Flügel, laufen, schlecht, aber, Pilot, Rosen, Schokolade, Kaninchenbau, Motorsport, Sandstrand, Speisequark

---

_____

_____

_____

_____

Übe auf einem extra Blatt!

Autogramm, begehen, Chemie, Drilling, ermöglichen, formatieren, gültig, heldenhaft, Internat, Kartoffelsalat, leutselig, Lexikon, Mattscheibe, nützlich, Organisator, Perle

---

Pianist, Prügelei, radieren, reinrassig, rösten, Rückenmark, Salamander, Schal, Sternbild, trampeln, Treibhaus, vehement, verarbeiten, wasserdicht, Zapfsäule

---

2. Nachdenk- und Merkwörter abschreiben

Erkläre, worauf du achten musst! Kennst du eine Regel dazu? Schreibe die Wörter fehlerfrei ab!

rennen, Treppe, Mittel: _____

Blitz, flitzen, Katze: _____

fahren, allmählich, Mahl: _____

Beere, Saal, Waage: _____

Apfelsine, Biber, Kino: _____

Känguru, Piktogramm: _____

Residenz, Schokolade: _____

Schwert, Spind, Burg: _____

Manager, Trikot, Risiko: _____

Stimme, überstimmen: _____

Größe, Maß, Spaß: _____

vergessen, Bissen: _____

3. Texte in Sinnabschnitten abschreiben

Schreibe die folgenden Zeilen richtig ab! Lies sie dir genau durch, sprich mit, decke dann ab und schreibe auswendig auf!

Die Menschen auf _____

der Straße studieren _____

an einer Plakatwand _____

eine Werbebotschaft. _____

Zeitungsleser nehmen _____

die neuesten Nachrichten _____

zur Kenntnis. _____

Schüler markieren _____

einzelne Textstellen _____

auf dem Arbeitsblatt. _____

Ein Liebhaber moderner

Romane orientiert sich

an der Buchbesprechung.

Kritische Leser erkennen,

was zwischen den

Zeilen steht.

Solche Szenen aus dem

Alltag lesender Menschen

verweisen auf das Lesen

von Texten, die für die

Menschen wichtig sind.

_____

_____

_____

_____

_____

_____

_____

_____

_____

4. Abschreiben in einzelnen selbst festgelegten Sinnschritten

Teile die folgenden Texte in einzelne Sinnschritte ein, die du dir gut merken kannst, und gehe dann wie in Aufgabe 3 vor!

> Er stand vor dem großen Spiegel und blickte auf die im Licht der schwachen Glühbirne matt glänzende, glatte Oberfläche. Wie das zugefrorene Wasser eines kleinen Sees sah sie aus, unbeweglich und starr, dachte er bei sich, während er sein Spiegelbild betrachtete, das ihm mit ernster Miene entgegenblickte.

> Langsam setzte er sich auf den staubigen Holzboden, schlug die Beine übereinander und bemühte sich, sein aufgewühltes Inneres zur Ruhe zu zwingen. Angestrengt dachte er nach. Über die alltäglichen Ungerechtigkeiten. Über das Leben an sich. Er blickte in den Spiegel. Er wusste, dass er einen Fehler begangen hatte. Einen? Nun, wenn er ehrlich war, hatte er wohl doch so einiges falsch gemacht.

> Aber das sollte sich jetzt ändern. Seit er vor wenigen Minuten hier auf dem Dachboden ein altes Foto von sich gefunden hatte, war er fest entschlossen, alles besser zu machen. Im Superman-Kostüm hatte er damals an Karneval in die Kamera gelächelt, fest entschlossen, die Welt von jeglicher Ungerechtigkeit zu befreien. Ein unerfüllter Kindertraum?

2. Nachdenk- und Merkwörter abschreiben

Erkläre, worauf du achten musst! Kennst du eine Regel dazu? Schreibe die Wörter fehlerfrei ab!

rennen, Treppe, Mittel:	**kurz gesprochener Selbstlaut: Mitlautverdoppelung**
Blitz, flitzen, Katze:	**kurz gesprochener Selbstlaut: tz**
fahren, allmählich, Mahl:	**lang gesprochener Selbstlaut: Dehnungs-h**
Beere, Saal, Waage:	**Sonderfälle: doppelter Selbstlaut**
Apfelsine, Biber, Kino:	**Merkwörter; Achtung: Dehnung!**
Känguru, Piktogramm:	**Merkwörter**

Residenz, Schokolade:	**Schreibung nach Sprechsilben**
Schwert, Spind, Burg:	**Endungen; Strategie: verlängern!**
Manager, Trikot, Risiko:	**Merkwörter**
Stimme, überstimmen:	**Wortfamilie „stimmen"**
Größe, Maß, Spaß:	**lang gesprochener Selbstlaut: ß**
vergessen, Bissen:	**kurz gesprochener Selbstlaut: ss**

3. Texte in Sinnabschnitten abschreiben

Schreibe die folgenden Zeilen richtig ab! Lies sie dir genau durch, sprich mit, decke dann ab und schreibe auswendig auf!

Die Menschen auf

der Straße studieren

an einer Plakatwand

eine Werbebotschaft.

Zeitungsleser nehmen

die neuesten Nachrichten

zur Kenntnis.

Schüler markieren

einzelne Textstellen

auf dem Arbeitsblatt.

Nachschlagen von Wörtern

Das Nachschlagen verlangt von dir, Wörter genau zu untersuchen und bei der Suche systematisch vorzugehen.
Das Nachschlagen eignet sich vor allem für die Fehlerkontrolle. Natürlich musst du die Zeichen, die im Wörterbuch zu finden sind, richtig deuten. Die folgenden Übungen sollen dir dabei helfen.

1. Erkläre den Wörterbucheintrag und beantworte anschließend die Fragen!

> **In|ge|ni|eur,** ⟨[inʒe'niø:ɐ̯; frz.]⟩ der; -s, -e
> Techniker mit Ausbildung an einer Hochschule oder Fachhochschule, Ingenieurschule
> Abk.: Ing.;
> Diplom-Ingenieur Abk.: Dipl.-Ing.;
> graduierter Ingenieur Abk.: Ing. grad.

Schreibe das Wort „Ingenieur" im Plural!

_____

Aus welcher Sprache stammt das Wort „Ingenieur"?

_____

Welche Bedeutung hat das Zeichen „ø"?

_____

Wie wird „Ingenieurschule" getrennt? Beachte dabei die allgemeinen Trennungsregeln!

_____

2. Erkläre den Wörterbucheintrag und beantworte anschließend die Fragen!

> **O|lym|pi|a|de,** die; -, -n (Olympische Spiele; _selten für_ Zeitraum von vier Jahren zwischen zwei Olympischen Spielen; _auch regional_ für Wettbewerb [für Schüler]);

Bilde bei dem Wort „Olympiade" den Plural!

_____

Welche drei Bedeutungen hat dieses Wort?

1. _____

2. _____

_____

3. _____

Welche Silbe wird betont?

_____

Trenne das Wort „Olympiamannschaft"! _____

3. Beantworte die Fragen zum Wörterbucheintrag!

> **Sub|jẹkt,** das; -[e]s, -e ⟨lat.⟩ (*Sprachw.* Satzgegenstand; *Philos.* wahrnehmendes, denkendes Wesen; *abwertend* für gemeiner Mensch)

Das Wort kann im Genitiv in zwei Formen stehen:

_____

Aus welcher Sprache stammt das Wort?

_____

Welche Bedeutung hat das Wort, wenn es abwertend gemeint ist?

_____

Wie wird die zweite Silbe des Wortes gesprochen?

_____

Schreibe Singular und Plural des Wortes (mit bestimmtem Artikel) auf!

_____

Kann man das Wort Su-bjekt trennen?

_____

4. Beantworte die Fragen zum Wörterbucheintrag!

> **ver|ab|schie|den;** sich -, **Ver|ab|schie|dung;** **ver|ab|schie|dungs|reif;** ein -es Gesetz

Das Wort hat zwei Bedeutungen: 1. _____

2. _____

Schreibe die letzte Erläuterung aus!   _____

5. Beantworte die Fragen zum Wörterbucheintrag!

> **fair** [fɛ:ir] eng. (gerecht; anständig; den Regeln entsprechend); das war ein -es Spiel; **Fair|ness** [fɛ:ir...], die -; **Fair|play,** auch **Fair Play** [fɛ:ir ple:], das - (ehrenhaftes, anständiges Spiel od. Verhalten [im Sport])

Aus welcher Sprache stammt das Wort „fair"?

_____

Welcher Buchstabe der deutschen Sprache entspricht dem „ɛ:" am ehesten?

_____

Fair Play ist anständiges Verhalten, auch im Bereich des ...

_____

Nachschlagen von Wörtern

Das Nachschlagen verlangt von dir, Wörter genau zu untersuchen und bei der Suche systematisch vorzugehen.
Das Nachschlagen eignet sich vor allem für die Fehlerkontrolle. Natürlich musst du die Zeichen, die im Wörterbuch zu finden sind, richtig deuten. Die folgenden Übungen sollen dir dabei helfen.

1. Erkläre den Wörterbucheintrag und beantworte anschließend die Fragen!

> **In|ge|ni|eur,** ⟨[inʒe'niø:ɐ̯; frz.]⟩ der; -s, -e Techniker mit Ausbildung an einer Hochschule oder Fachhochschule, Ingenieurschule Abk.: Ing.;
> Diplom-Ingenieur Abk.: Dipl.-Ing.;
> graduierter Ingenieur Abk.: Ing. grad.

Schreibe das Wort „Ingenieur" im Plural!

Ingenieure

Aus welcher Sprache stammt das Wort „Ingenieur"?

aus dem Französischen

Welche Bedeutung hat das Zeichen „ø"?

(Lautzeichen) klingt wie „ö"

Wie wird „Ingenieurschule" getrennt? Beachte dabei die allgemeinen Trennungsregeln!

In – ge – ni – eur – schu – le

2. Erkläre den Wörterbucheintrag und beantworte anschließend die Fragen!

> **O|lym|pi|a|de,** die; -, -n (Olympische Spiele; *selten für* Zeitraum von vier Jahren zwischen zwei Olympischen Spielen; *auch regional* für Wettbewerb [für Schüler]);

Bilde bei dem Wort „Olympiade" den Plural!

die Olympiaden

Welche drei Bedeutungen hat dieses Wort?

1. *Olympische Spiele*

2. *Zeit zwischen den Olympischen Spielen*

3. *Wettbewerb für Schüler*

Welche Silbe wird betont?

die vierte Silbe

Trenne das Wort „Olympiamannschaft"!

Olym – pi – a – mann – schaft

3. Beantworte die Fragen zum Wörterbucheintrag!

> **Sub|jẹkt,** das; -[e]s, -e ⟨lat.⟩ (*Sprachw.* Satzgegenstand; *Philos.* wahrnehmendes, denkendes Wesen; *abwertend* für gemeiner Mensch)

Das Wort kann im Genitiv in zwei Formen stehen:

des Subjekts; des Subjektes

Aus welcher Sprache stammt das Wort?

aus dem Lateinischen

Welche Bedeutung hat das Wort, wenn es abwertend gemeint ist?

gemeiner Mensch

Wie wird die zweite Silbe des Wortes gesprochen?

betont und kurz

Schreibe Singular und Plural des Wortes (mit bestimmtem Artikel) auf!

das Subjekt, die Subjekte

Kann man das Wort Su-bjekt trennen?

nein: Sub – jekt

4. Beantworte die Fragen zum Wörterbucheintrag!

> **ver|ab|schie|den;** sich -, **Ver|ab|schie|dung;**
> **ver|ab|schie|dungs|reif;** ein -es Gesetz

Das Wort hat zwei Bedeutungen:

1. *sich von jemandem verabschieden*

2. *ein Gesetz verabschieden*

Schreibe die letzte Erläuterung aus!

ein verabschiedungsreifes Gesetz

5. Beantworte die Fragen zum Wörterbucheintrag!

> **fair** [fɛ:ir] eng. (gerecht; anständig; den Regeln entsprechend); das war ein -es Spiel; **Fair|ness** [fɛ:ir...], die -; **Fair|play,** auch **Fair Play** [fɛ:ir ple:], das - (ehrenhaftes, anständiges Spiel od. Verhalten [im Sport])

Aus welcher Sprache stammt das Wort „fair"?

aus dem Englischen

Welcher Buchstabe der deutschen Sprache entspricht dem „ɛ:" am ehesten?

der Buchstabe „ä"

Fair Play ist anständiges Verhalten, auch im Bereich des …

… Sports

Otto Mayr: Neue Aufgabenformen im Rechtschreibunterricht © Brigg Pädagogik Verlag, Augsburg

Modifizierte Diktate

Modifizierte Diktate eignen sich besonders, die bisher erlernten Strategien und Kenntnisse in die Rechtschreibung einzubringen. Sie schärfen den Blick für die „typischen" Rechtschreibfehler, sie fordern von dir, das Regelwissen und die Rechtschreibstrategien anzuwenden.
Sie zwingen dich dazu, die Texte aufmerksam zu lesen und erfordern eine sichere Arbeit mit dem Wörterbuch. Eine Übersicht über die verschiedenen Formen von modifizierten Diktaten:

1. Anfangsbuchstabendiktat

Der Lehrer/die Lehrerin diktiert dir den Text. Baue dabei die fehlenden Anfangsbuchstaben in den Text ein und schreibe ihn anschließend fehlerfrei ab!

Text 1:

Die ____rüne Hölle

Eine Bootsfahrt vom ____berlauf des Amazonas bis zu seiner ____ündung ____auert mehrere Monate. Ununterbrochen ____egleiten den Strom auf ____eiden Ufern die ____ndurchdringlichen Mauern des ____rwalds. Herden von Affen ____reischen, Papageien mischen ihre ____narrenden Stimmen dazwischen, ein ____öllisches Konzert.

Text 2:

Aus versumpften ____ferstrecken ergießen sich Schwärme ____techender Insekten und werden den Bootswanderern zur ____al. Die Luft ist ____rückend ____eiß. ____ehrmals am Tag ____rasselt ____olkenbruchartiger Regen herab, von ____litz und ____onner begleitet. In den ____ausen ____ticht wieder die Sonne ____nerbittlich vom ____olkenlosen ____immel hernieder. Europäer können das ____örderische ____lima dieser grünen ____ölle nicht auf die ____auer ____rtragen.

Otto Mayr: Neue Aufgabenformen im Rechtschreibunterricht © Brigg Pädagogik Verlag, Augsburg

2. Lückendiktat mit anschließender Wörterbuchüberprüfung

Der Lehrer/die Lehrerin diktiert den Text. Baue dabei die fehlenden Wörter in den Text ein, kontrolliere mit dem Wörterbuch und schreibe ihn anschließend fehlerfrei ab!

Gut gekaut ist _____ verdaut!

Hobelspäne _____ leichter als grobe Holzscheite und _____

Speisen wie Brot und _____ werden vom Magen _____

bewältigt, wenn sie vorher von den _____ tüchtig bearbeitet und

_____ wurden.

Die _____ beginnt _____ nicht erst im Magen,

sondern _____ in der Mundhöhle. Durch das _____ angeregt,

beeilen sich die _____, eine _____ Menge

von Mundspeichel zu _____, der bereits in der Mundhöhle

beginnt, die Speisen zu zersetzen.

So _____ die Speisen schon vorverdaut in den Magen, wo sie der

weit schärfer _____ Magensaft zur _____ Verdauung

übernimmt.

Lawinen

Im Frühjahr, wenn das _____ die Schneemassen auf den

Firnfeldern oder an den _____ Felshängen _____, ist

die _____ am größten.

Oft genügt eine kleine _____ oder der Tritt einer

_____, den Schnee ins _____ zu bringen, zuerst

langsam, dann in immer _____ Bewegung.

Mit _____ Donnern fährt die Lawine zu Tal und _____

unter sich, was sich auf ihrer _____ befindet.

Skifahrer, die einen Schneehang _____, sind besonders

_____. Verschüttete in ihrem Schneegrab aufzufinden, kostet

_____ Mühe und Zeit; doch gelingt es nicht immer, sie noch

_____ zu bergen.

3. Kurzes Diktat mit anschließender Wörterbuchüberprüfung

Text 1:

Australien

Bis ins 18. Jahrhundert war der fünfte Erdteil völlig unbekannt. Der englische Weltreisende James Cook entdeckte ihn auf seinen ausgedehnten Seereisen. Die Engländer nützten ihn als Sträflingskolonie. Wer dorthin gebracht wurde, sollte die Hoffnung aufgeben, sein Vaterland noch einmal wiederzusehen.

Text 2:

Die Überfahrt auf den gebrechlichen Segelschiffen dauerte acht Monate. Viele der Gefangenen, die die Zeit dicht aneinandergedrängt verbringen mussten, starben an Hunger und Seuchen. Die Überlebenden gründeten die ersten Siedlungen. Als in Europa bekannt wurde, dass es dort freies Land gab, folgten freiwillige Einwanderer nach.

4. Wortlisten und Texte aus dem Sachunterricht

Wortliste „Baustelle":

Der Rohbau, das Kellergeschoss, die Waschküche, der Fenstersturz, der Stahlbeton, die Massivdecke, der Maurer, der Hilfsarbeiter, der Schornstein, der Bodenbelag, der Betonmischer, der Wasserschlauch, die Leiter, die Firmenschilder, die Maurerkelle, das Lot, das Fundament, das Förderband, der Raupenbagger, der Erdaushub, die Schutzwand, die Verschalung.

Sachtext „Europa":

Kein anderer Kontinent ist so reich gegliedert wie Europa. Die verschiedenen Landschaftsformen und die kleinräumige Aufteilung durch Hoch- und Mittelgebirge haben in diesem Raum das Entstehen eigenständiger Strukturen begünstigt.

5. Diktat mit anschließender Fehlerkorrektur

Lass dir die folgenden Texte diktieren und überarbeite sie dann mithilfe des Wörterbuchs (Zeit für die Überarbeitung: 5 min)!

Aufgaben der Europäischen Union

Manche Menschen betrachten die Entwicklung Europas und die Erweiterung mit Skepsis. Unbestritten hat aber die europäische Einigung zu großen Erfolgen geführt: Die Grenzen sind offen, der Handel hat zugenommen, der Frieden blieb erhalten.

Probleme, die nicht nur in Europa, sondern weltweit spürbar sind, fordern Europa heraus: Arbeitslosigkeit, Kriminalität, Technik, Migration, Umweltzerstörung. Diese Aufgaben sind nur durch eine immer engere Zusammenarbeit der Staaten lösbar. Die Europäische Union ist eine Form der politischen Organisation, die den Gegebenheiten und Schwierigkeiten in der Welt von heute entspricht.

Entwicklungsländer – ein schwammiger Begriff

Länder, in denen die Menschen geringe Einkommen erwirtschaften und in denen große Armut herrscht, werden häufig als Entwicklungsländer oder Staaten der Dritten Welt bezeichnet. Aber wann treffen diese Bedingungen zu? Eine richtige Antwort darauf zu geben, ist nicht einfach.

Mit dem Begriff „Entwicklungsländer" wird ausgedrückt, dass diese Länder dabei sind, sich zu entwickeln. Bedeutet aber Entwicklung immer auch Fortschritt? Soll es Ziel dieser Entwicklung sein, dass die dortige Bevölkerung unseren Lebensstil übernimmt? Welche Auswirkungen hätte so ein Fortschritt weltweit gesehen? Diese Fragen müssen überdacht werden, wenn man dieses Thema diskutieren will.

6. Kurzdiktat am Computer

Erste Möglichkeit: Du lässt dir Texte diktieren und korrigierst sie am Computer mithilfe eines Rechtschreibprogramms.

Zweite Möglichkeit: Du lässt dir Texte am Computer diktieren und korrigierst sie anschließend mithilfe des Wörterbuchs.

Modifizierte Diktate

Modifizierte Diktate eignen sich besonders, die bisher erlernten Strategien und Kenntnisse in die Rechtschreibung einzubringen. Sie schärfen den Blick für die „typischen" Rechtschreibfehler, sie fordern von dir, das Regelwissen und die Rechtschreibstrategien anzuwenden.
Sie zwingen dich dazu, die Texte aufmerksam zu lesen und erfordern eine sichere Arbeit mit dem Wörterbuch. Eine Übersicht über die verschiedenen Formen von modifizierten Diktaten:

1. Anfangsbuchstabendiktat

Der Lehrer/die Lehrerin diktiert dir den Text. Baue dabei die fehlenden Anfangsbuchstaben in den Text ein und schreibe ihn anschließend fehlerfrei ab!

Text 1:

Die _g_ rüne Hölle

Eine Bootsfahrt vom _Ü_ berlauf des Amazonas bis zu seiner _M_ ündung _d_ auert mehrere Monate. Ununterbrochen _b_ egleiten den Strom auf _b_ eiden Ufern die _u_ ndurchdringlichen Mauern des _U_ rwalds. Herden von Affen _k_ reischen, Papageien mischen ihre _k_ narrenden Stimmen dazwischen, ein _h_ öllisches Konzert.

Text 2:

Aus versumpften _U_ ferstrecken ergießen sich Schwärme _s_ techender Insekten und werden den Bootswanderern zur _Qu_ al. Die Luft ist _d_ rückend _h_ eiß. _M_ ehrmals am Tag _p_ rasselt _w_ olkenbruchartiger Regen herab, von _B_ litz und _D_ onner begleitet. In den _P_ ausen _s_ ticht wieder die Sonne _u_ nerbittlich vom _w_ olkenlosen _H_ immel hernieder. Europäer können das _m_ örderische _K_ lima dieser grünen _H_ ölle nicht auf die _D_ auer _e_ rtragen.

Otto Mayr: Neue Aufgabenformen im Rechtschreibunterricht © Brigg Pädagogik Verlag, Augsburg

2. Lückendiktat mit anschließender Wörterbuchüberprüfung

Der Lehrer/die Lehrerin diktiert den Text. Baue dabei die fehlenden Wörter in den Text ein, kontrolliere mit dem Wörterbuch und schreibe ihn anschließend fehlerfrei ab!

Gut gekaut ist _____halb_____ verdaut!

Hobelspäne _____**verbrennen**_____ leichter als grobe Holzscheite und _____**feste**_____ Speisen wie Brot und _____**Fleisch**_____ werden vom Magen _____**müheloser**_____ bewältigt, wenn sie vorher von den _____**Zähnen**_____ tüchtig bearbeitet und _____**zerkleinert**_____ wurden.

Die _____**Verdauung**_____ beginnt _____**nämlich**_____ nicht erst im Magen, sondern _____**bereits**_____ in der Mundhöhle. Durch das _____**Kauen**_____ angeregt, beeilen sich die _____**Speicheldrüsen**_____, eine _____**reichliche**_____ Menge von Mundspeichel zu _____**produzieren**_____, der bereits in der Mundhöhle beginnt, die Speisen zu zersetzen.

So _____**gelangen**_____ die Speisen schon vorverdaut in den Magen, wo sie der weit schärfer _____**wirkende**_____ Magensaft zur _____**weiteren**_____ Verdauung übernimmt.

Lawinen

Im Frühjahr, wenn das _____**Tauwetter**_____ die Schneemassen auf den Firnfeldern oder an den _____**steilen**_____ Felshängen _____**lockert**_____, ist die _____**Lawinengefahr**_____ am größten.

Oft genügt eine kleine _____**Erschütterung**_____ oder der Tritt einer _____**Gämse**_____, den Schnee ins _____**Rutschen**_____ zu bringen, zuerst langsam, dann in immer _____**schnellerer**_____ Bewegung.

Mit _____**gewaltigem**_____ Donnern fährt die Lawine zu Tal und _____**begräbt**_____ unter sich, was sich auf ihrer _____**Bahn**_____ befindet.

Skifahrer, die einen Schneehang _____**überqueren**_____, sind besonders _____**gefährdet**_____. Verschüttete in ihrem Schneegrab aufzufinden, kostet _____**unendliche**_____ Mühe und Zeit; doch gelingt es nicht immer, sie noch _____**lebend**_____ zu bergen.

Arbeitsblatt	

Textproduktion

Wenn du einen Text verfassen willst, musst du den Text zunächst planen, d. h. du musst überlegen, was du schreiben willst. Das erfordert natürlich auch eine gewisse Übung.
Die folgenden Übungen sollen dir nun dabei helfen, Texte zu unterschiedlichen Themen und Vorgaben zu verfassen. Achte auf eine saubere äußere Form und einen fehlerfreien Text! Verwende ein Wörterbuch!

1. **Schreibe zu den folgenden Fotos jeweils fünf Sätze auf! Achte auf die Rechtschreibung! Verwende, wenn nötig, ein Wörterbuch!**

Otto Mayr: Neue Aufgabenformen im Rechtschreibunterricht © Brigg Pädagogik Verlag, Augsburg

2. Bilde jeweils fünf Sätze zu den folgenden Clustern!

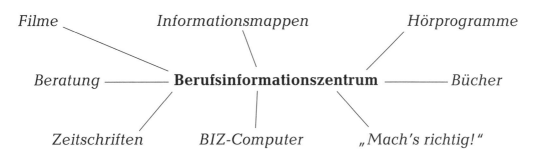

Filme *Informationsmappen* *Hörprogramme*

Beratung —— **Berufsinformationszentrum** —— *Bücher*

Zeitschriften *BIZ-Computer* *„Mach's richtig!"*

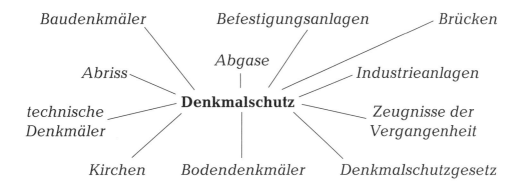

Baudenkmäler *Befestigungsanlagen* *Brücken*

Abgase

Abriss *Industrieanlagen*

Denkmalschutz

technische Denkmäler *Zeugnisse der Vergangenheit*

Kirchen *Bodendenkmäler* *Denkmalschutzgesetz*

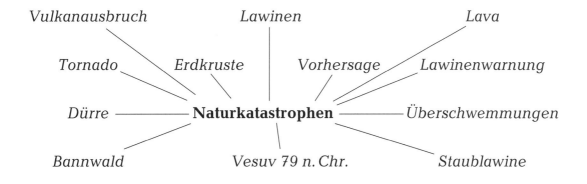

Vulkanausbruch *Lawinen* *Lava*

Tornado *Erdkruste* *Vorhersage* *Lawinenwarnung*

Dürre —— **Naturkatastrophen** —— *Überschwemmungen*

Bannwald *Vesuv 79 n. Chr.* *Staublawine*

keine Genussmittel/Drogen *frische Luft* *Sucht*

Vitamine *Milch* *Wasser*

Freundeskreis —— **Gesunde Lebensführung** —— *Gruppenzwang*

kein Tabak *kein Alkohol* *Impfung* *Schlaf* *Essen*

Obst *Gemüse* *Sport*

3. Beschreibe die folgende Karikatur in ca. fünf Sätzen!

Eberhard Holz

_____

_____

_____

_____

_____

_____

_____

_____

_____

_____

4. Schreibe jeweils ca. fünf Sätze zu folgenden Themen:

Wozu brauchen die Menschen Vorbilder?

Muslime leben bei uns – Was weiß ich über ihren Glauben?

Eigentum – eine Voraussetzung für glückliches Leben?

Welche Möglichkeiten gibt es, Konflikte zu lösen?

Welche Gedichte habe ich auswendig gelernt? Was weiß ich noch davon?

Der Taschenrechner – Chance und Gefahr

Dreiecksformen in der Geometrie

Vierecksformen im täglichen Leben

Warum ist es sinnvoll, englisch sprechen zu können?

Gesunde Luft – eine wichtige Voraussetzung für unser Leben

Der Hebel als Grundlage der Mechanik

Wer trifft in der Gemeinde politische Entscheidungen?

Deutschland – Städte, Flüsse, Berge

Der Sport fördert die Gesundheit

Dieses Musikinstrument kann ich beschreiben …

Wie funktioniert ein Rollenspiel?

Was versteht man unter „Wirtschaften im privaten Haushalt?"

Welche Bedeutung hat der Computer in unserer Zeit?

Wie erarbeite ich ein Referat?

Was versteht man unter einem Roman? Nenne ein Beispiel und beschreibe!

Volumen- und Oberflächenberechnung eines geometrischen Körpers!

Lebensgemeinschaft Wald

Europa im Überblick

Parteien in Deutschland

Was kann ich in einem Betriebspraktikum lernen?

Unsere Medienlandschaft – ein Überblick

Sprachbilder – was versteht man darunter?

Welches aktuelle Ereignis, über das in den Medien berichtet wurde, interessierte mich in letzter Zeit am meisten?

Was weiß ich über die Vereinigten Staaten von Amerika?

Welche Aufgaben haben die Geldinstitute?

Arbeitslosigkeit als Problem des einzelnen Menschen

Wo möchte ich später wohnen?

5. Schreibe jeweils ca. fünf Sätze zu den angegebenen Themen! Verwende jeweils den angeführten Fachwortschatz! (Mindestens fünf Wörter musst du jeweils einbauen.)

Deutschland ist eine Demokratie
Gewaltenteilung – Durchführung von Wahlen – Freiheitsrechte – Meinungs- und Pressefreiheit – Volksvertreter – Volksherrschaft

Umweltschutz als Überlebensaufgabe
Luftverschmutzung – Wasserverschmutzung – Bodenverschmutzung – Lärm – Lebensgrundlagen – Ursachen

Tempo 100 auf Autobahnen
Unfallgefahr – Abgasmenge – weniger Stress – Autoindustrie – Fahrzeiten – eigene Entscheidung – Zahl der Unfälle

Arbeit
Sicherung des Lebensunterhalts – Selbstbestimmung des Menschen – Zusammenarbeit der Menschen – Sinn der Lebens – Notwendigkeit

Familie
Keimzelle der Gesellschaft – Entwicklung des Menschen – Verantwortung der Eltern – Schutz durch das Grundgesetz – Kleinfamilie

Massenmedien
Funk – Fernsehen – Video – DVD – Privatfernsehen – öffentlich-rechtliches Fernsehen – Zeitung – Internet

Wetter
Temperatur – Winde – Luftdruck – Niederschlag – Wolken – Wettervorhersage – Fernsehen – Radio – Internet

Die Erdoberfläche
Landmasse – fünf Kontinente – Ozeane – Volksrepublik China bevölkerungsreichster Staat – Russland flächenmäßig größter Staat

Bewertung von Referaten
Vorbereitung – Angaben zur Informationsbeschaffung – Zusatzfragen – Hintergrundwissen – persönliche Stellungnahme – Inhalt – sachliche Richtigkeit – Vortrag – Flüssigkeit – Wortwahl – Verständlichkeit

In der Buchhandlung
Romane – Sachbücher – Lexika – Lernhilfen – Gedichtbände – Gutscheine – Bildbände – Reiseführer

Führerschein mit 17
Fahrpraxis im Alter von 17 Jahren – Aufsicht durch einen Erwachsenen – Vorteile – vorläufiger Führerschein – Dauer: 1 Jahr – Verantwortung im Straßenverkehr

6. Erkläre die Bedeutung der folgenden Wörter in jeweils ca. fünf Sätzen!

Barometer	Behälter
Darlehen	Datenschutz
ehrgeizig	Faszination
Ganztagesschule	Gebärdensprache
herbstlich	human
Karambolage	kneten
Leichtmetall	Magenverstimmung
modisch	nachsitzen
Pfusch	pilgern
Restaurant	schminken

7. Schreibe ein Kurzreferat!

Während eine Lehrkraft oder eine/-r deiner Mitschüler/-innen einen Kurzvortrag hält, fertigst du daraus ein Kurzreferat. Dabei solltest du einige Dinge beachten:

- Höre genau zu und fertige eine Stichpunktliste während des Vortrags an!
- Schreibe dann einen kurzen Text (ca. 5 Sätze bzw. 60 Wörter)!
- Überarbeite deinen Text mit dem Wörterbuch!

8. Schreibe eine kurze Nacherzählung!

Dein Lehrer/deine Lehrerin liest langsam einen Text (Fabel, Kurzgeschichte, Sachtext usw.) zweimal vor. Du fertigst im Anschluss daran eine Nacherzählung. Beachte:

- Höre genau zu und fertige eine Stichpunktliste während des Vortrags an!
- Schreibe dann deine Nacherzählung auf! Dein Text sollte etwa zehn Sätze oder ca. 100 Wörter umfassen.
- Überarbeite deinen Text mit dem Wörterbuch!

9. Schreibe ein Protokoll zu einem Referat/einer Unterrichtsstunde!

Fertige ein Protokoll zu einem Schülerreferat oder zu einer Unterrichtsstunde an! Beim Protokoll ist zu beachten:

- Gliederung in Kopf, Hauptteil und Beglaubigungsteil
- Angaben von Ort, Klasse, Anwesende, Abwesende, Beginn, Ende
- Angabe des Protokollführers/der Protokollführerin

Textkorrektur

Bei der Textkorrektur musst du einen Fehlertext bearbeiten, die Wörter genau untersuchen und dein Wissen über Rechtschreibregeln und Rechtschreibstrategien anwenden.
Deine Aufgabe ist es, die Fehlerwörter zu finden und sie (auch mithilfe des Wörterbuchs) zu berichtigen.

1. Im folgenden Text sind sechs Wörter falsch geschrieben.

1.1 Suche sie heraus und schreibe sie richtig auf die Zeile daneben!
    Nutze im Zweifelsfall das Wörterbuch!
1.2 Schreibe den korrigierten Text richtig auf ein extra Blatt!

Vor allem im 19. Jarhundert _____

verliesen viele Deutsche ihr Land, _____

um sich in Americka eine neue _____

existenz aufzubauen. _____

Damals war die Armut auf dem _____

Land unertreglich geworden. _____

Missernten ließen fiele hungern. _____

2. In den folgenden beiden Sätzen sind fünf Rechtschreibfehler enthalten. Trage die richtigen Schreibweisen in die Lücken ein!

Mehr als Not und Zerstörung bedrükte _____ die Menschen in

der Nachkriegszeit der hunger _____. Heute leben viele im

Überfluss und wir können uns kaum vorstellen, was es bedeudete

_____, nicht genug zu essen zu haben.

Um ausreichend ernärt _____ zu sein, braucht der Mensch

Täglich _____ mindestens 2200 Kilokalorien. Diese

Kalorienmenge stand den Menschen aber nicht zur Verfügung.

Otto Mayr: Neue Aufgabenformen im Rechtschreibunterricht © Brigg Pädagogik Verlag, Augsburg

3. In jeder Zeile des folgenden Textes ist ein Wort falsch geschrieben. Finde das Fehlerwort und berichtige es am Rand!

Immer wieder haben Jugentliche

_____

in der Bundesrepublick durch ihr

_____

Verhalten, aufallende Mode oder

_____

ihre Musik versucht, ihre eigene identität

_____

zu finden. Dabei unterschiden sie sich

_____

nicht von Jugendlichen Anderer Länder

_____

Die sterksten Einflüsse der Jugendkultur

_____

kahmen aus Nordamerika und England.

_____

Sie wurden übers Fernsehen, Ratio und

_____

Zeitschriften verpreitet.

_____

4. Im folgenden Text sind die Fehler durch die Computerfehleranzeige bezeichnet. Berichtige sie am Rand!

Frauen organisiren sich

_____

Der Anteil Berufs tätiger Frauen lag in

_____

der BRD lange bei lediklich 40 %.

_____

Auch der Stat unternahm wenig, um

_____

den Frauen die berufstätigkeit zu

_____

erleichdern, z. B. durch Schaffung von

_____

Kindergärten. Auserdem verdienten die

_____

Frauen bei oft gleicher Arbeit wenniger

_____

alls die Männer.

_____

Textkorrektur

Bei der Textkorrektur musst du einen Fehlertext bearbeiten, die Wörter genau untersuchen und dein Wissen über Rechtschreibregeln und Rechtschreibstrategien anwenden.

Deine Aufgabe ist es, die Fehlerwörter zu finden und sie (auch mithilfe des Wörterbuchs) zu berichtigen.

1. Im folgenden Text sind sechs Wörter falsch geschrieben.

1.1 Suche sie heraus und schreibe sie richtig auf die Zeile daneben!
Nutze im Zweifelsfall das Wörterbuch!
1.2 Schreibe den korrigierten Text richtig auf ein extra Blatt!

Vor allem im 19. Jarhundert	***Jahrhundert***
verliesen viele Deutsche ihr Land,	***verließen***
um sich in Americka eine neue	***Amerika***
existenz aufzubauen.	***Existenz***
Damals war die Armut auf dem	
Land unertreglich geworden.	***unerträglich***
Missernten ließen fiele hungern.	***viele***

2. In den folgenden beiden Sätzen sind fünf Rechtschreibfehler enthalten. Trage die richtigen Schreibweisen in die Lücken ein!

Mehr als Not und Zerstörung bedrükte ____***bedrückte***____ die Menschen in

der Nachkriegszeit der hunger ____***Hunger***____. Heute leben viele im

Überfluss und wir können uns kaum vorstellen, was es bedeudete

____***bedeutete***____, nicht genug zu essen zu haben.

Um ausreichend ernärt ____***ernährt***____ zu sein, braucht der Mensch

Täglich ____***täglich***____ mindestens 2200 Kilokalorien. Diese

Kalorienmenge stand den Menschen aber nicht zur Verfügung.

3. In jeder Zeile des folgenden Textes ist ein Wort falsch geschrieben. Finde das Fehlerwort und berichtige es am Rand!

Immer wieder haben Jugentliche	*Jugendliche*
in der Bundesrepublick durch ihr	*Bundesrepublik*
Verhalten, aufallende Mode oder	*auffallende*
ihre Musik versucht, ihre eigene identität	*Identität*
zu finden. Dabei unterschiden sie sich	*unterschieden*
nicht von Jugendlichen Anderer Länder	*anderer*
Die sterksten Einflüsse der Jugendkultur	*stärksten*
kahmen aus Nordamerika und England.	*kamen*
Sie wurden übers Fernsehen, Ratio und	*Radio*
Zeitschriften verpreitet.	*verbreitet*

4. Im folgenden Text sind die Fehler durch die Computerfehleranzeige bezeichnet. Berichtige sie am Rand!

Frauen organisiren sich	*organisieren*
Der Anteil Berufs tätiger Frauen lag in	*berufstätiger*
der BRD lange bei lediklich 40 %.	*lediglich*
Auch der Stat unternahm wenig, um	*Staat*
den Frauen die berufstätigkeit zu	*Berufstätigkeit*
erleichdern, z. B. durch Schaffung von	*erleichtern*
Kindergärten. Auserdem verdienten die	*Außerdem*
Frauen bei oft gleicher Arbeit wenniger	*weniger*
alls die Männer.	*als*

Lernzielkontrolle „Mitsprechwörter"

1. Setze den richtigen Buchstaben ein, bilde den Infinitiv!

Er kä_____ wie ein Löwe.   _____

Pa_____ auf!   _____

Sie hat für die Prüfung intensiv gepau_____.   _____

Rad_____ den Bleistiftstrich weg!   _____

Hast du dein Vorhaben schon reali_____?   _____

Hier wird nicht geschu_____!   _____

2. Setze das richtige Wort ein!

singen/sinken: Ein Schiff kann _____. Die Schüler _____

                 im Chor.

fallen/fahl: Im Herbst _____ die Blätter. Infolge seiner

                 Krankheit hatte er eine _____ Gesichtsfarbe.

fassten/fasten: Um abzunehmen, wollen manche Menschen _____.

                 Die Polizisten _____ den Einbrecher.

Hänger/Henker: Der _____ des Wagens war umgekippt. Das

                 Gericht übergab den armen Bauern seinem _____.

3. Streiche das falsche Wort durch!

Der Anker/Anger taucht ins Wasser ein. Plötzlich erspähte der Autofahrer

eine Lüge/Lücke. Die Schmerzen bereiteten ihm große Bein/Pein.

Am Meer verspürt man meist ein leichte Brise/Prise.

Das Gericht verurteilte den Schulter/Schuldner zur Zahlung von 5000 €.

4. Verlängere die folgenden Wörter!

der Prokurist – _____   schmal – _____

die Spirale – _____   der Hof – _____

steil – _____   rau – _____

der Gang – _____   süß – _____

Lernzielkontrolle „Mitsprechwörter"

1. Setze den richtigen Buchstaben ein, bilde den Infinitiv!

Er kä __*mpft*__ wie ein Löwe.   *kämpfen*

Pa __*ss*__ auf!   *aufpassen*

Sie hat für die Prüfung intensiv gepau __*kt*__ .   *pauken*

Rad __*iere*__ den Bleistiftstrich weg!   *radieren*

Hast du dein Vorhaben schon reali __*siert*__ ?   *realisieren*

Hier wird nicht geschu __*mmelt*__ !   *schummeln*

2. Setze das richtige Wort ein!

singen/sinken: Ein Schiff kann __*sinken*__ . Die Schüler __*singen*__ im Chor.

fallen/fahl: Im Herbst __*fallen*__ die Blätter. Infolge seiner Krankheit hatte er eine __*fahle*__ Gesichtsfarbe.

fassten/fasten: Um abzunehmen, wollen manche Menschen __*fasten*__ . Die Polizisten __*fassten*__ den Einbrecher.

Hänger/Henker: Der __*Hänger*__ des Wagens war umgekippt. Das Gericht übergab den armen Bauern seinem __*Henker*__ .

3. Streiche das falsche Wort durch!

Der Anker/~~Anger~~ taucht ins Wasser ein. Plötzlich erspähte der Autofahrer eine ~~Lüge~~/Lücke. Die Schmerzen bereiteten ihm große ~~Bein~~/Pein.

Am Meer verspürt man meist ein leichte Brise/~~Prise~~.

Das Gericht verurteilte den ~~Schulter~~/Schuldner zur Zahlung von 5000 €.

4. Verlängere die folgenden Wörter!

der Prokurist – **die Prokuristen**   schmal – **schmaler/schmäler**

die Spirale – **die Spiralen**   der Hof – **die Höfe**

steil – **steiler**   rau – **rauer**

der Gang – **die Gänge**   süß – **süßer**

Lernzielkontrolle „Regelwissen"

1. Unterstreiche alle lang gesprochenen Selbstlaute!

   beginnen   beten   Ball   Episode   fatal   Horn   Radio   Moderator

2. den oder denn?

Das ist der Mann, _____ ich vorhin gesehen habe. Achte auf den Boden,

_____ man frisch gestrichen hat! Ich schreibe bestimmt eine gute

Note, _____ ich habe fleißig gelernt.

3. Schreibe jeweils ein Beispiel zu folgenden Mitlautverdoppelungen nach kurz
   gesprochenem Selbstlaut auf: -ff, -gg, -ll, -mm, -nn, -pp, -rr, -ss!

   _____

   _____

4. Schreibe vier Wörter mit „s" nach lang gesprochenem Selbstlaut auf!

   _____

5. Ergänze – soweit möglich – die fehlenden Wörter und unterstreiche die
   Endungen (falls möglich), an denen man die Nomen und Adjektive erkennt!
   (Lies die Tabelle von links nach rechts!)

Nomen	Verb	Adjektiv
Zahl		
		hinderlich
	lockern	
		freudig
	konstruieren	
		gemein
	erringen	
Verfügbarkeit		

Lernzielkontrolle „Regelwissen"

1. Unterstreiche alle lang gesprochenen Selbstlaute!

   beginnen   b<u>e</u>ten   Ball   Epis<u>o</u>de   fat<u>a</u>l   Horn   R<u>a</u>dio   Moder<u>a</u>tor

2. den oder denn?

   Das ist der Mann, _____**den**_____ ich vorhin gesehen habe. Achte auf den Boden,

   _____**den**_____ man frisch gestrichen hat! Ich schreibe bestimmt eine gute

   Note, _____**denn**_____ ich habe fleißig gelernt.

3. Schreibe jeweils ein Beispiel zu folgenden Mitlautverdoppelungen nach kurz gesprochenem Vokal auf: -ff, -gg, -ll, -mm, -nn, -pp, -rr, -ss!

   _____

   _____

4. Schreibe vier Wörter mit „s" nach lang gesprochenem Selbstlaut auf!

   _____

5. Ergänze – soweit möglich – die fehlenden Wörter und unterstreiche die Endungen (falls möglich), an denen man die Nomen und Adjektive erkennt! (Lies die Tabelle von links nach rechts!)

Nomen	Verb	Adjektiv
Zahl	*zähl<u>en</u>*	*zähl<u>bar</u>*
Hinder<u>nis</u>	*hinder<u>n</u>*	hinder<u>lich</u>
Locker<u>ung</u>	locker<u>n</u>	*locker*
Freude	*freu<u>en</u>*	freud<u>ig</u>
Konstrukt<u>ion</u>	konstru<u>ieren</u>	*konstruier<u>bar</u>*
Gemein<u>heit</u>		gemein
Errungen<u>schaft</u>	erring<u>en</u>	
Verfügbar<u>keit</u>	*verfüg<u>en</u>*	*verfüg<u>bar</u>*

Lernzielkontrolle „Ableitung"

1. Finde jeweils zwei Wörter mit folgenden Endungen!

-heit: _____

-keit: _____

-ung: _____

-schaft: _____

2. Finde jeweils zwei Wörter mit folgenden Endungen!

-ig: _____

-isch: _____

-lich: _____

-sam: _____

-los: _____

-bar: _____

-haft: _____

3. Ergänze mit fünf Wörtern aus der Wortfamilie „brennen"!

_____

_____

4. Bilde den Plural!

die Wand – _____   der Saft – _____

das Schiff – _____   die Tat – _____

5. Bilde den Infinitiv!

parkte – _____   gerollt – _____

merkte – _____   singend – _____

getrieben – _____   sah – _____

Otto Mayr: Neue Aufgabenformen im Rechtschreibunterricht © Brigg Pädagogik Verlag, Augsburg

Lernzielkontrolle „Ableitung"

1. Finde jeweils zwei Wörter mit folgenden Endungen!

-heit: **Faulheit, Dummheit**

-keit: **Dankbarkeit, Machbarkeit**

-ung: **Erfindung, Verzeihung**

-schaft: **Genossenschaft, Wissenschaft**

2. Finde jeweils zwei Wörter mit folgenden Endungen!

-ig: **hastig, mündig**

-isch: **logisch, harmonisch**

-lich: **beachtlich, mündlich**

-sam: **folgsam, ehrsam**

-los: **erbarmungslos, mutlos**

-bar: **belastbar, erkennbar**

-haft: **schmackhaft, nahrhaft**

3. Ergänze mit fünf Wörtern aus der Wortfamilie „brennen"!

der Brenner, verbrennen, brennbar, Brennholz, abbrennen

4. Bilde den Plural!

die Wand – **die Wände**   der Saft – **die Säfte**

das Schiff – **die Schiffe**   die Tat – **die Taten**

5. Bilde den Infinitiv!

parkte – **parken**   gerollt – **rollen**

merkte – **merken**   singend – **singen**

getrieben – **treiben**   sah – **sehen**

Lernzielkontrolle „Nachschlagen von Wörtern"

1. Nenne jeweils die Sprache, aus der das Wort stammt, bilde jeweils die Singular- und Pluralform! Schreibe jeweils mit bestimmtem Artikel auf!

Basar: _____

Disput: _____

Mannequin: _____

These: _____

2. Beantworte zu den gesuchten Wörtern die jeweils folgende Frage! Belege deine Antwort mit der Angabe aus dem Wörterbuch!

Niveau: Wie wird es ausgesprochen? _____

Sardine: Wie wird das „i" gesprochen? _____

schwabbelig: Wie wird das „a" gesprochen? _____

Radioaktivität: Wie wird das Wort getrennt? _____

3. Zu dem Wort „Schuld" findest du mehrere Wörter. Schreibe ein Adjektiv, ein Verb und drei weitere Nomen aus der Wortfamilie auf!

_____

4. Beschreibe die Bedeutung des Wortes „Exponent"!

a) _____

_____

b) _____

_____

5. Welcher Name ist für den zweiten Monat des Jahres noch möglich? Wie wird der Monat abgekürzt?

_____

6. Bilde alle möglichen Singular- und Pluralformen des Wortes „Skonto"!

_____

Lernzielkontrolle „Nachschlagen von Wörtern"*

Korrekturgrundlage: DUDEN (24. Aufl.) 2006

1. Nenne jeweils die Sprache, aus der das Wort stammt, bilde jeweils die Singular- und Pluralform! Schreibe jeweils mit bestimmtem Artikel auf!

Basar: **persisch; der Basar; die Basare**

Disput: **lateinisch; der Disput; die Dispute**

Mannequin: **französisch; das Mannequin; die Mannequins**

These: **griechisch; die These; die Thesen**

2. Beantworte zu den gesuchten Wörtern die jeweils folgende Frage! Belege deine Antwort mit der Angabe aus dem Wörterbuch!

Niveau: Wie wird es ausgesprochen? **[...'vo:]**

Sardine: Wie wird das „i" gesprochen? **lang und betont; Sardine**

schwabbelig: Wie wird das „a" gesprochen? **schwabbelig; kurz und betont**

Radioaktivität: Wie wird das Wort getrennt? **Ra-dio-ak-ti-vi-tät**

3. Zu dem Wort „Schuld" findest du mehrere Wörter. Schreibe ein Adjektiv, ein Verb und drei weitere Nomen aus der Wortfamilie auf!

schuldhaft; schulden; Schuldfrage, Schuldige, Schuldschein

4. Beschreibe die Bedeutung des Wortes „Exponent"!

a) **Hochzahl, besonders in der Wurzel- und Potenzrechnung**

b) **herausgehobener Vertreter [einer bestimmten Richtung, Politik usw.]**

5. Welcher Name ist für den zweiten Monat des Jahres noch möglich? Wie wird der Monat abgekürzt?

Hornung; Febr.

6. Bilde alle möglichen Singular- und Pluralformen des Wortes „Skonto"!

das Skonto; der Skonto; die Skonti

Lernzielkontrolle „Textkorrektur"

1. Im folgenden Text sind einige Wörter falsch geschrieben. Suche sie heraus, unterstreiche sie und schreibe sie richtig auf die Zeile daneben!

Flugesellschaften sind internationale   _____

Unternehmen. Bei ihnen Arbeiten in   _____

Deutschland Menschen aus Italien,   _____

Spanien, der Türkei und aus   _____

anderen europäischen Staten ohne   _____

Probleme zusammen. Ohne auslendische   _____

Mitarbeiter wäre eine reibungslose   _____

Abwicklung des Flugverkers kaum   _____

denkbar.   _____

2. In den Text kann man fünf Kommas einsetzen. Setze richtig ein!

Der Jugendvertreter einer deutschen Fluggesellschaft meint es sei sogar sehr wichtig ausländische Arbeitskollegen in der Schicht zu haben da ja auch Flugzeuge ausländischer Fluglinien abgefertigt werden müssen. Auch deutsche Mitarbeiter des fliegenden Personals werden fast jeden Tag irgendwo auf der Welt zu Ausländern. Sie berichten dass in anderen Ländern Gastfreundschaft großgeschrieben wird. Wer solche Erfahrungen macht kann eigentlich nicht pauschal schlecht über Ausländer denken und reden.

3. In den folgenden Sätzen werden die Wörter „der", „die", „das" als Pronomen und das Wort „dass" als Konjunktion verwendet. Leider sind sie falsch platziert. Streiche das falsche Wort durch und schreibe das richtige in die Klammer!

Hier steht das Mädchen, dass ich vorhin am Bahnhof gesehen habe. (_____)

Der Mann, die dem Verbrecher auflauerte, war ein Polizeibeamter. (_____)

Ich meine, das du nicht in dieser Weise vorgehen kannst. (_____)

Die Katze, der hinter dem Haus verschwindet, gehört meinem Nachbarn. (_____)

Arbeitsblatt	Lösung

Lernzielkontrolle „Textkorrektur"

1. Im folgenden Text sind einige Wörter falsch geschrieben. Suche sie heraus, unterstreiche sie und schreibe sie richtig auf die Zeile daneben!

Flugesellschaften sind internationale   *Fluggesellschaften*

Unternehmen. Bei ihnen Arbeiten in   *arbeiten*

Deutschland Menschen aus Italien,

Spanien, der Türkei und aus

anderen europäischen Staten ohne   *Staaten*

Probleme zusammen. Ohne auslendische   *ausländische*

Mitarbeiter wäre eine reibungslose

Abwicklung des Flugverkers kaum   *Flugverkehrs*

denkbar.

2. In den Text kann man fünf Kommas einsetzen. Setze richtig ein!

Der Jugendvertreter einer deutschen Fluggesellschaft meint, es sei sogar sehr wichtig, ausländische Arbeitskollegen in der Schicht zu haben, da ja auch Flugzeuge ausländischer Fluglinien abgefertigt werden müssen. Auch deutsche Mitarbeiter des fliegenden Personals werden fast jeden Tag irgendwo auf der Welt zu Ausländern. Sie berichten, dass in anderen Ländern Gastfreundschaft großgeschrieben wird. Wer solche Erfahrungen macht, kann eigentlich nicht pauschal schlecht über Ausländer denken und reden.

3. In den folgenden Sätzen werden die Wörter „der", „die", „das" als Pronomen und das Wort „dass" als Konjunktion verwendet. Leider sind sie falsch platziert. Streiche das falsche Wort durch und schreibe das richtige in die Klammer!

Hier steht das Mädchen, dass ich vorhin am Bahnhof gesehen habe. (*das*)

Der Mann, die dem Verbrecher auflauerte, war ein Polizeibeamter. (*der*)

Ich meine, das du nicht in dieser Weise vorgehen kannst. (*dass*)

Die Katze, der hinter dem Haus verschwindet, gehört meinem Nachbarn. (*die*)

Rechtschreibtest I

1. Lass dir den Text (s. S. 73) diktieren und überprüfe anschließend mit dem Wörterbuch! (5 P.)

_____

_____

_____

_____

_____

_____

2. Nenne vier Endungen, an denen du Nomen erkennen kannst! Gib für jede Endung zwei Beispiele an! (4 P.)

_____

_____

_____

3. Werte den Wörterbucheintrag aus! (5 P.)

Kon|ver|sa|ti|on, die; -, -en <franz.> gesellige Unterhaltung, Plauderei

a) Bilde den Plural! _____

b) Trenne das Wort! _____

c) Aus welcher Sprache stammt das Wort? _____

d) Nenne eine der beiden Bedeutungen! _____

e) Hat das Wort „Diskussion" in etwa die gleiche Bedeutung?

_____

_____

4. Schreibe die Lösungsstrategie/die Regel auf, die dir hilft, das Wort an der gekennzeichneten Stelle richtig zu schreiben! (4 P.)

a) reinra**ss**ig: _____

b) Grun**d**: _____

c) **l**ebhaft: _____

d) **M**akel: _____

5. Ergänze bei folgenden Wörtern die richtige Endung, ordne sie in die passende Spalte und achte auf die Groß- und Kleinschreibung! (4 P.)

nat- , finanzi- , industr- , aktu- , kommun- , explos- , stat- , iron-

-ell	-ion	-ie	-istisch

6. Schreibe zu dem folgenden Bild fünf Sätze und überarbeite mit dem Wörterbuch! (5 P.)

_____

_____

_____

_____

_____

_____

_____

_____

_____

_____

7. Dehnungen kommen in unserer Sprache häufig vor. Besonders wichtig sind Dehnungen mit -ie, mit -h und durch Verdoppelung der Selbstlaute.
   Gib jeweils zwei Beispiele an! (3 P.)

-ie	-h	Verdoppelung durch Selbstlaut

8. Ergänze (wo möglich) in der Tabelle die fehlenden Wörter!
   (Lies die Tabelle von links nach rechts!) (5 P.)

Nomen (mit Artikel)	Verb (im Infinitiv)	Adjektiv
die Umkehr		
		sensibel
	verzichten	
	zähmen	
der Zylinder		

9. Im folgenden Text sind fünf Wörter falsch geschrieben. Suche sie heraus und schreibe sie in die Zeile daneben! (5 P.)

Soll mann Computerspiele

_____

verteufeln? Immer wieder ertöhnen

_____

warnende Stimen, die

_____

auf mögliche gefahren durch

_____

Computerspiele hinweißen.

_____

10. In dem folgenden Text fehlen die Satzzeichen. Setze ein! (6 P.)

Nach einer Studie fördern viele Spiele die Denk- und Kombinationsfähigkeit sowie schnelles Reaktionsvermögen Besonders empfohlen werden von Fachleuten Strategiespiele bei denen Kinder Zusammenhänge erkennen lernen Als besonders positiv wird bewertet dass Kinder durch die Spiele mit wichtigen Funktionen eines Computers vertraut werden Ist das für die Arbeitswelt von heute nicht ein wesentlicher Faktor

Otto Mayr: Neue Aufgabenformen im Rechtschreibunterricht © Brigg Pädagogik Verlag, Augsburg

Rechtschreibtest I

1. Das Girokonto – ein Konto für jeden Haushalt
   Die Löhne und Gehälter werden heutzutage bargeldlos überwiesen. Jeder Arbeitnehmer braucht deshalb ein Konto, auf das der Verdienst einbezahlt werden kann. Von demselben Konto aus sollte er aber nicht nur seine Rechnungen bezahlen, sondern alle Geldgeschäfte erledigen können. Dieses „laufende" Konto bezeichnet man als Girokonto.

2. -heit: Sicherheit, Dunkelheit; -keit: Möglichkeit, Tapferkeit
   -ung: Vergebung, Ermittlung; -schaft: Errungenschaft, Forstwirtschaft

3. a) die Konversationen   b) Kon – ver – sa – ti – on   c) französisch
   d) gesellige Unterhaltung, Plauderei
   e) Nein: Diskussion ist ein Meinungsaustausch, Aussprache, ein Streitgespräch.

4. a) reinrassig: Nach kurzem Selbstlaut wird der Mitlaut verdoppelt.
   b) Grund: Plural bilden: Grund – Gründe
   c) lebhaft: Die Nachsilbe -haft zeigt ein Adjektiv an: Kleinschreibung.
   d) Makel: Ich setze einen Artikel vor das Wort: der Makel.

5.

-ell	-ion	-ie	-istisch
finanziell	Nation	Industrie	kommunistisch
aktuell	Explosion	Ironie	statistisch

7.

-ie	-h	Verdoppelung
der Sieger	die Naht	das Eismeer
niedlich	sehnen	die Saat

8.

Nomen (mit Artikel)	Verb (im Infinitiv)	Adjektiv
die Umkehr	umkehren	umkehrbar
die Sensibilität, -sierung	sensibilisieren	sensibel
das Glück	glücken	glücklich
die Ruhe	ruhen	ruhig
der Zylinder		zylindrisch

9. man – ertönen – Stimmen – Gefahren – hinweisen

10. Nach einer Studie fördern viele Spiele die Denk- und Kombinationsfähigkeit sowie schnelles Reaktionsvermögen. Besonders empfohlen werden von Fachleuten Strategiespiele, bei denen Kinder Zusammenhänge erkennen lernen. Als besonders positiv wird bewertet, dass Kinder durch die Spiele mit wichtigen Funktionen eines Computers vertraut werden. Ist das für die Arbeitswelt von heute nicht ein wesentlicher Faktor?

Rechtschreibtest II

1. Lass dir den Text (s. S. 77) diktieren und überprüfe anschließend mit dem Wörterbuch! (5 P.)

_____

_____

_____

_____

_____

_____

2. Nenne vier Endungen, an denen du Adjektive erkennen kannst! Gib jeweils zwei Beispiele an! (4 P.)

_____

_____

_____

3. Werte den Wörterbucheintrag aus! (5 P.)

> **Mi|mo|se,** die; -, -n <griech.> Pflanzengattung; Blüte der Silberakazie; *übertr. für* überempfindlicher Mensch

a) Bilde den Plural! _____

b) Bilde den Genitiv! _____

c) Aus welcher Sprache stammt das Wort? _____

d) Nenne eine ihrer ursprünglichen Bedeutungen! _____

e) Nenne die übertragene Bedeutung! _____

4. Schreibe die Lösungsstrategie auf, die dir hilft, das Wort an der gekennzeichneten Stelle richtig zu schreiben! (4 P.)

a) etwas **G**utes: _____

b) **Zäu**ne: _____

d) **S**itzung: _____

e) na**h**: _____

Otto Mayr: Neue Aufgabenformen im Rechtschreibunterricht © Brigg Pädagogik Verlag, Augsburg

5. Ergänze die Sätze mit den Relativpronomen „der", „die", „das" und der Konjunktion „dass"! (4 P.)

    Hier kommt die Zahnarzthelferin, _____ die Füllung vorbereitet.

    Ich hoffe, _____ meine Zahnschmerzen bald vorüber sind.

    Das Bohrerfach, _____ verschlossen war, wird geöffnet.

    Der Zahnarzt, _____ seine Hände am Becken gewaschen hat,

    begrüßt mich freundlich.

6. Schreibe zu dem folgenden Schaubild fünf Sätze und überarbeite mit dem Wörterbuch! (5 P.)

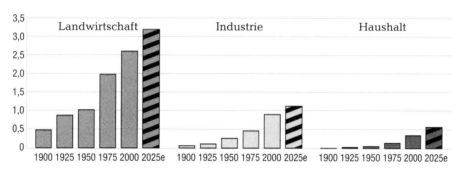

Riesige Nachfrage nach Wasser

Weltweiter Verbrauch in Billiarden Liter

Quelle: UNEP

7. Ordne die folgenden Wortformen der jeweils passenden Spalte zu! Achte auf die Angaben in der Tabelle und forme um! (3 P.)

stehend – älter – die Kabinen – geschlossen – populärer – die Waagen

Nomen (im Singular)	Verb (im Infinitv)	Adjektiv (in der Grundstufe)

8. Unterstreiche den kurz gesprochenen Selbstlaut und formuliere dann die Rechtschreibregel! (5 P.)

willig – knurren – satt – Pantoffel – Tafellappen – Namensnennung

_____

_____

9. Im folgenden Text sind fünf Rechtschreibfehler enthalten. Suche sie heraus und schreibe die korrigierten Wörter in der Reihenfolge der aufgetretenen Fehler in die Zeile darunter! (5 P.)

Saubere Luft und sauberes Wasser sind im Wirtschaftlichen Sinn knape

Güter geworden – für ihre Nuzung ist daher ein Preis zu zahlen. In einer

Marktwirtschaft wie der unsereren hat grundsetzlich derjenige die Kosten für die

Vermeidung von Umweltschäden zu tragen, der sie verursacht.

_____

10. In dem folgenden Text fehlen die Satzzeichen. Setze ein! (7 P.)

Braucht unsere Gesellschaft Arbeit

Heute stellt niemand mehr alles was er zum Leben braucht selbst her

Wir leben in einer arbeitsteiligen Gesellschaft in der jeder die Arbeit des

anderen braucht In unserer hoch entwickelten Wirtschaft sind die

Menschen in hoch spezialisierten Berufen in verschiedenen Wirtschafts-

bereichen tätig

Rechtschreibtest II

1. Nicht nur für Unternehmen sind Kredite eine Möglichkeit, sich Geld zu beschaffen. Auch private Haushalte greifen vermehrt zu Privat- und Konsumkrediten für ein Auto, den Bau eines Hauses, die neue Wohnungseinrichtung oder vielleicht eine große Urlaubsreise. Geliehenes Geld spielt in unserer Konsumgesellschaft eine immer größere Rolle.

2. -ig: blutig, mutig; -isch: spanisch, komisch; -lich: fröhlich, freundlich; -sam: folgsam, biegsam; -los: erbarmungslos, hemmungslos; -bar: zahlbar, unnahbar

3. a) die Mimosen   b) Das Bild der Mimosen …   c) griechisch
   d) Pflanzengattung; Blüte der Silberakazie   e) überempfindlicher Mensch

4. a) etwas **G**utes: Ich beachte das Signalwort.
   b) **Zäu**ne: Ich bilde den Singular.
   c) **S**itzung: Ich beachte die Nachsilbe: -ung deutet auf ein Nomen hin.
   d) na**h**: Ich steigere das Wort: näher.

5. … die Zahnarzthelferin, die …   Ich hoffe, dass …
   Das Bohrerfach, das …   Der Zahnarzt, der …

7.

Nomen (im Singular)	Verb (im Infinitiv)	Adjektiv (in der Grundstufe)
die Kabine	stehen	alt
die Waage	schließen	populär

8. w**i**llig – kn**u**rren – s**a**tt – Pant**o**ffel – Tafell**a**ppen – Namensn**e**nnung
   Regel: Nach einem kurz gesprochenen Selbstlaut wird der Mitlaut verdoppelt.

9. wirtschaftlichen – knappe – Nutzung – unseren – grundsätzlich

10. Braucht unsere Gesellschaft Arbeit?
    Heute stellt niemand mehr alles, was er zum Leben braucht, selbst her.
    Wir leben in einer arbeitsteiligen Gesellschaft, in der jeder die Arbeit des anderen braucht. In unserer hoch entwickelten Wirtschaft sind die Menschen in hoch spezialisierten Berufen in verschiedenen Wirtschafts-bereichen tätig.

Rechtschreibtest III

1. Lass dir den Text (s. S. 81) diktieren und überprüfe anschließend mit dem Wörterbuch! (5 P.)

_____

_____

_____

_____

_____

_____

_____

2. Schlage im Wörterbuch nach, nenne die Bedeutung und trenne das Wort! (4 P.)

Panorama: _____

Tantieme: _____

Dissonanz: _____

Lethargie: _____

3. Verlängere die folgenden Wörter! (3 P.)

flink – _____   die Missetat – _____

der Zeh – _____   treu – _____

nah – _____   die Ampel – _____

4. Unterstreiche den lang gesprochenen Selbstlaut und kreuze an, welcher Merksatz der richtige ist! (4 P.)

nagen – der Pudel – das Gebet – der Haken – grazil – duzen

◯ Nach einem lang gesprochenen Selbstlaut folgt eine Mitlautverdoppelung.

◯ Nach einem lang gesprochenen Selbstlaut folgt „tz“ und „ck“.

◯ Nach einem lang gesprochenen Selbstlaut folgt keine Mitlautverdoppelung, kein „tz“ und kein „ck“.

5. Bilde fünf Sätze zu folgendem Cluster (5 P.):

Fachkompetenz   Pünktlichkeit   Verantwortungsbewusstsein

Leistungsbereitschaft —— **Schlüsselqualifikationen** —— Fleiß

Sozialkompetenz   Teamarbeit   Zuverlässigkeit   Höflichkeit

_____

_____

_____

_____

_____

_____

_____

_____

_____

_____

6. Ergänze bei folgenden Wörtern die richtige Endung, ordne sie in die passende
   Spalte ein und achte auf die Groß- und Kleinschreibung! (4 P.)

   aktivi- , mark- , funktion- , mobili- , impuls- , informat- , argu- , konsu-

-iv	-ment	-tät	-ieren

7. Welche Lösungshilfe wendest du an, um das Wort an der markierten Stelle richtig zu schreiben? Ordne den richtigen Buchstaben dem Wort zu! (3 P.)

		A	Ich setze den Artikel davor.
Würde	_____	B	Ich bilde den Infinitiv des Verbs.
		C	Ich trenne das Wort.
nä**h**te	_____	D	Ich steigere das Wort.
		E	Ich suche Wörter aus der Wortfamilie.
K**ä**lte	_____	F	Ich bilde den Plural.
		G	Ich verlängere das Wort.

8. Ergänze die fehlenden Wörter (wo möglich)!
   (Lies die Tabelle von links nach rechts!) (4 P.)

Nomen (mit Artikel)	Verb (im Infinitiv)	Adjektiv
die Mode		
	skizzieren	
der Teil		
		schwach

9. Schreibe den Text fehlerfrei ab! Achte auf die korrekte Groß- und Kleinschreibung! (6 P.)

ICH BIN EINE AUSGESPROCHENE WASSERRATTE. ICH KONNTE SCHON SCHWIMMEN, BEVOR ICH GERADEAUS LAUFEN KONNTE. KEIN WUNDER, DASS ICH MEINEN URLAUB FAST NUR AM MEER VERBRINGE. DABEI BIN ICH STÄNDIG UNTERWEGS, MEISTENS ABER BIN ICH BEIM SCHWIMMEN IM MEER ZU FINDEN.

_____

_____

_____

_____

_____

_____

Rechtschreibtest

1. Vor Milliarden Jahren gab es auf unserer Erde nur Pflanzen und Bäume. Starben sie ab, versanken sie in den Sümpfen und Meeren und wurden von riesigen Gesteinsschichten zusammengepresst. Durch den Druck und die Verwesung wurden die Blätter und Stämme der Pflanzen hart und schwarz. Millionen von Jahren dauerte es, bis sich daraus schwarze und brennbare Kohle bildete.

2. Pa – no – ra – ma: Rundblick, Gesamtansicht
   Tan – ti – e – me: Gewinnbeteiligung, Vergütung für Schriftsteller/Musiker
   Dis – so – nanz: Missklang
   Le – thar – gie: Teilnahmslosigkeit

3. flink – flinker; die Missetat – die Missetaten; der Zeh – die Zehen;
   treu – treuer; nah – näher; die Ampel – die Ampeln

4. nagen – der Pudel – das Gebet – der Haken – grazil – duzen
   Nach einem lang gesprochenen Selbstlaut folgt keine Mitlautverdoppelung,
   kein „tz" und kein „ck".

6.

-iv	-ment	-tät	-ieren
impulsiv	Argument	Aktivität	markieren
informativ	Konsument	Mobilität	funktionieren

7. **W**ürde A   Ich setze den Artikel davor.
   nä**h**te   B   Ich bilde den Infinitiv des Verbs.
   K**ä**lte   E   Ich suche Wörter aus der Wortfamilie.

8.

Nomen (mit Artikel)	Verb (im Infinitiv)	Adjektiv
die Mode		modisch
die Skizze	skizzieren	skizzenhaft
der Teil	teilen	teilbar
die Schwäche	schwächen	schwach

9. Ich bin eine ausgesprochene Wasserratte. Ich konnte schon schwimmen, bevor ich geradeaus laufen konnte. Kein Wunder, dass ich meinen Urlaub fast nur am Meer verbringe. Dabei bin ich ständig unterwegs, meistens aber bin ich beim Schwimmen im Meer zu finden.

Prüfungsaufgaben Deutsch – Rechtschreibung (Kultusministerium)

Qualifizierender Hauptschulabschluss
Rechtschreibung – mit Wörterbuch –

1. Modifiziertes Diktat (10 P.)

Schreibe den Text (s. S. 85) nach Diktat auf! Überarbeite ihn anschließend mithilfe gelernter Strategien und dem Wörterbuch!

_____

_____

_____

_____

_____

_____

_____

_____

_____

_____

_____

_____

_____

_____

Prüfungsaufgaben Deutsch – Rechtschreibung (Kultusministerium)

2. Welche Lösungsstrategie eignet sich am besten, um die Rechtschreibung an der gekennzeichneten Stelle zu überprüfen? Setze je ein Kreuz! (3 P.)

er ste**ll**t	Ich achte auf die Endung.	
	Ich bilde die Steigerungsform.	
	Ich überprüfe die Wortart.	
	Ich bilde den Infinitiv und trenne nach Silben.	

etwas **N**eues	Ich achte auf die Endung.	
	Ich suche verwandte Wörter.	
	Ich beachte das Signalwort.	
	Ich bilde den Plural.	

das Ba**d**	Ich verlängere das Wort.	
	Ich beachte das Signalwort.	
	Ich achte auf den Selbstlaut.	
	Ich überprüfe die Wortart.	

3. Setze im folgenden Text die acht fehlenden Satzzeichen ein! (4 P.)

Viele Schüler sprechen von Schlüsselqualifikationen die sie während ihrer Schulzeit erwerben konnten Sie berichten Letztes Jahr haben wir diese unter Beweis gestellt indem wir in Projekten Themen bearbeitet eine Klassenfahrt geplant und ein Sportturnier organisiert haben

4. Im folgenden Text sind sieben Wörter falsch geschrieben. Streiche diese im Text durch und schreibe sie fehlerfrei auf! Ein Wörterbuch hilft dir bei der Lösungsfindung. (7 P.)

Doch neben vertieften Fachkenntnisen ist zum Beispiel erforderlich, das die Auszubildenden verantwortung übernehmen, sich auf neue Situationen einstellen können und ihm Team mit Anderen zusammenarbeiten. Probleme zu verstehen und diese grüntlich anzupacken sowie zielgerichtetes handeln gehören ebenfalls dazu.

- _____

- _____

- _____

- _____

- _____

- _____

- _____

Erreichte Punktzahl: _____

Prüfungsaufgaben Deutsch – Rechtschreibung (Kultusministerium) – Lösung/Korrekturhinweise

Aufgabe 1: Modifiziertes Diktat

Diktattext:

Kann man selbstständiges Handeln lernen?
Ein für die Aus- und Weiterbildung Verantwortlicher eines großen bayerischen Unternehmens bejaht diese Frage eindeutig. Allerdings muss den Jugendlichen dazu auch Gelegenheit geboten werden. Wenn in der Ausbildung alles nur nach Anweisung läuft, gewöhnt man sich eben frühzeitig daran, ohne jede Eigeninitiative zu arbeiten. Schwimmen lernt man im Wasser, selbstständiges Handeln, indem man Aufgaben aus eigenem Antrieb anpackt. **(63 Wörter)**

Diktierhinweise:
1. den gesamten Text vorlesen
2. den ganzen Satz vorlesen
3. in Sinnschritten diktieren, jeden Sinnschritt einmal ohne Satzzeichen vorlesen
4. den ganzen Satz wiederholen
5. den ganzen Text wiederholen
6. Diktierzeit 8–10 min
7. Die Schüler/-innen überarbeiten ihren Text mithilfe des Wörterbuchs.
   (Zeit: 5 min)
8. Schülerarbeiten einsammeln

Korrekturanleitung: Auf die Aufgabe gibt es 10 Punkte. Für jeden Fehler wird ein Punkt abgezogen. Für fehlende Satzzeichen, Umlautzeichen und i-Punkte wird je ein halber Punkt abgezogen.

Aufgabe 2: Rechtschreibstrategien

Lösung:
er ste**ll**t: ***Ich bilde den Infinitiv und trenne nach Silben.***
etwas **N**eues: ***Ich beachte das Signalwort.***
das Ba**d**: ***Ich verlängere das Wort.***

Korrekturanleitung: Auf die Aufgabe gibt es 3 Punkte. Pro Aufgabe ist nur eine Lösung richtig. Für jede richtige Lösung gibt es einen Punkt. Mehrfachnennungen ergeben null Punkte.

Aufgabe 3: Zeichensetzung

Lösung:
Viele Schüler sprechen von Schlüsselqualifikationen, die sie während ihrer Schulzeit erwerben konnten. Sie berichten: „Letztes Jahr haben wir diese unter Beweis gestellt, indem wir in Projekten Themen bearbeitet, eine Klassenfahrt geplant und ein Sportturnier organisiert haben."

Korrekturanleitung: Die Aufgabe wird mit 4 Punkten bewertet. Jedes richtig gesetzte Satzzeichen ergibt einen halben Punkt. Werden mehr als acht Satzzeichen gesetzt, werden nur die ersten acht zur Wertung herangezogen.

Aufgabe 4: Einen fremden Text korrigieren und Wörter richtig aufschreiben

Lösung:
Doch neben vertieften ***Fachkenntnissen*** ist zum Beispiel erforderlich, ***dass*** die Auszubildenden ***Verantwortung*** übernehmen, sich auf neue Situationen einstellen können und ***im*** Team mit ***anderen*** zusammenarbeiten. Probleme zu verstehen und diese ***gründlich*** anzupacken sowie zielgerichtetes ***Handeln*** gehören ebenfalls dazu. **(38 Wörter)**

Korrekturanleitung: Die Aufgabe wird mit sieben Punkten bewertet. Jedes falsch erkannte und im Text durchgestrichene Wort wird mit einem halben Punkt bewertet. Die korrekte Berichtigung des Fehlerwortes ergibt ebenso je einen halben Punkt. Werden mehr als sieben Wörter durchgestrichen und/oder berichtigt, werden nur die ersten sieben zur Wertung herangezogen.

Vorbereitung auf die Prüfung I

1. Modifiziertes Diktat (10 P.)

Schreibe den Text (s. S. 89) nach Diktat auf! Überarbeite ihn anschließend mithilfe gelernter Strategien und dem Wörterbuch!

_____

_____

_____

_____

_____

_____

_____

_____

_____

_____

_____

_____

_____

_____

_____

_____

_____

_____

Vorbereitung auf die Prüfung I

Otto Mayr: Neue Aufgabenformen im Rechtschreibunterricht © Brigg Pädagogik Verlag, Augsburg

2. Welche Lösungsstrategie eignet sich am besten, um die Rechtschreibung an der gekennzeichneten Stelle zu überprüfen? Setze je ein Kreuz! (3 P.)

blin**d**	Ich zerlege das Wort in einzelne Silben.	
	Ich überprüfe die Wortart.	
	Ich suche ein verwandtes Wort aus der Wortfamilie.	
	Ich steigere das Wort.	

sie bega**nn**	Ich bilde die Steigerungsform.	
	Ich achte auf das Signalwort.	
	Ich überprüfe die Wortart.	
	Ich bilde den Infinitiv des Verbs.	

etwas **N**eues	Ich achte auf das Signalwort.	
	Ich bilde den Plural.	
	Ich verlängere das Wort.	
	Ich trenne nach Silben.	

3. Setze im folgenden Text die zehn fehlenden Satzzeichen ein! (5 P.)

Hitzeerschöpfung – was tun

Infolge körperlicher Anstrengung bei großer Hitze verliert der Körper zu viel Flüssigkeit Es entsteht ein sogenannter Hitzeschock Der Betroffene ist auffallend blass fröstelt leidet an Übelkeit und hat einen schnellen und schwachen Puls Bringe den Betroffenen sofort in den Schatten Gib ihm etwas Wasser zu trinken und rufe dann sofern es notwendig ist den Rettungsdienst an

4. Im folgenden Text sind sieben Wörter falsch geschrieben. Streiche diese im Text durch und schreibe sie fehlerfrei auf! Ein Wörterbuch hilft dir bei der Lösungsfindung. (Das Anredefürwort „Sie" wird großgeschrieben!) (7 P.)

Autofahrer Achtung: Tipps für die Reiße

Vermeiden Sie es, gleich am ersten Ferientag loszufahren – Staus sind

vorprogrammiert. Genauso wenig sinn macht es, dierekt nach der Arbeit eine

weite Fahrt anzutreten. Zu schnell drot Müdigkeit. Morgens um drei aufzustehen,

um nach einem leichten Früstück loszufahren, entspricht dem Organismus besser.

Achten Sie auf ausreichent Schlaf vor der Fahrt!

- _____

- _____

- _____

- _____

- _____

- _____

- _____

Erreichte Punktzahl: _____

Vorbereitung auf die Prüfung I
(Korrekturhinweise s. S. 85)

Aufgabe 1: Modifiziertes Diktat

Sicherheit durch Aufsicht

Die Aufsichtspflicht über die Kinder liegt in den Händen der Eltern und Erzieher. Sie sind dafür verantwortlich, dass ihre Kinder keinen Schaden anrichten, vor allem aber, dass sie sich nicht verletzen und selbst Schaden nehmen.
Der Aufsichtspflicht nachzukommen, ist nicht immer leicht. Manchmal können Freunde und Verwandte aushelfen. Kinder bis zum vierten Lebensjahr sollte man grundsätzlich nicht alleine zu Hause lassen.

Aufgabe 2: Rechtschreibstrategien

blin**d**:	*Ich suche ein verwandtes Wort aus der Wortfamilie.*
sie bega**nn**:	*Ich bilde den Infinitiv des Verbs.*
etwas **N**eues:	*Ich achte auf das Signalwort.*

Aufgabe 3: Zeichensetzung

Hitzeerschöpfung – was tun?

Infolge körperlicher Anstrengung bei großer Hitze verliert der Körper zu viel Flüssigkeit. Es entsteht ein sogenannter Hitzeschock. Der Betroffene ist auffallend blass, fröstelt, leidet an Übelkeit und hat einen schnellen und schwachen Puls. Bringe den Betroffenen sofort in den Schatten! Gib ihm etwas Wasser zu trinken und rufe dann, sofern es notwendig ist, den Rettungsdienst an!

Aufgabe 4: Textkorrektur

1. Reise
2. vorprogrammiert
3. Sinn
4. direkt
5. droht
6. Frühstück
7. ausreichend

Vorbereitung auf die Prüfung II

1. Modifiziertes Diktat (10 P.)

Schreibe den Text (s. S. 93) nach Diktat auf! Überarbeite ihn anschließend mithilfe gelernter Strategien und dem Wörterbuch!

_____

_____

_____

_____

_____

_____

_____

_____

_____

_____

_____

_____

_____

_____

_____

_____

2. Welche Lösungsstrategie wendest du an, um das Wort an der markierten Stelle richtig zu schreiben? Ordne den richtigen Buchstaben dem Wort zu! (3 P.)

	A	Bilde den Singular!
Abgabetermin _____	B	Bilde den Infinitiv!
	C	Trenne das Wort!
	D	Suche ein Wort aus der Wortfamilie!
Erpre**ss**ung _____	E	Achte auf die Endung des Wortes!
	F	Beachte das Signalwort!
	G	Suche ein Wort aus der Wortfamilie!
Erpressung _____	H	Achte auf die Endung des Wortes!
	I	Bilde den Plural!

3. Setze im folgenden Text die fünf fehlenden Satzzeichen ein! (3 P.)

Das Wort „Wiese" erweckt in den Menschen recht unterschiedliche Vorstellungen Der Naturfreund sieht ein buntes Stück Natur vor sich in dem viele verschiedene Blumen- und Gräserarten wachsen Der Landwirt denkt vor allem an sein ertragreiches Gründland das er regelmäßig düngt und mehrmals jährlich mäht oder als Weide verwendet

4. Ergänze in der folgenden Tabelle die fehlenden Wörter!
(Lies die Tabelle von links nach rechts!) (3 P.)

Nomen (mit Artikel)	Verb (im Infinitiv)	Adjektiv
der Regen		
	erklären	
		wissentlich

5. Im folgenden Text sind fünf Wörter falsch geschrieben. Streiche diese im Text durch und schreibe sie fehlerfrei auf! Ein Wörterbuch hilft dir bei der Lösungsfindung! (5 P.)

Gebirge

Jeder Aufstieg auf einen hohen Berg, vor allem wenn die Waldgrenze überschriten wird, öfnet den Blick in großartige, vielgestaltige Landschaften und in Ökosysteme besonderer Brägung. Die Vielfalt der Lebensräume bringt auch eine Vielfalt der Tier- und Pflanzenwelt mit sich. Vergliechen mit anderen Ökosystemen sind die Gebirgsregionen dennoch artenarm, da infolge des Klimas die Zeit des Pflanzenwuchses innerhalb eines Jahres nur kurtz ist.

- _____

- _____

- _____

- _____

- _____

Erreichte Punktzahl: _____

Otto Mayr: Neue Aufgabenformen im Rechtschreibunterricht © Brigg Pädagogik Verlag, Augsburg

Vorbereitung auf die Prüfung II
(Korrekturhinweise s. S. 85)

Aufgabe 1: Modifiziertes Diktat

Unser Wald

Früher wurde der Wald vom Menschen häufig als unheimlich und feindlich empfunden. Heute wird er dagegen als Grundlage und Schutz des Lebens angesehen. Der unberührte Wald, in dessen Bestand und Entwicklung der Mensch in keiner Weise eingreift, ist nur mehr selten zu finden. Häufig hingegen begegnet man dem vom Menschen gepflanzten Wald, der aus Bäumen gleicher Art und gleichen Alters besteht. Er wirkt eintönig und ist von verschiedenen Gefahren bedroht.

Aufgabe 2: Rechtschreibstrategien

Abgabetermin:	*Trenne das Wort!*
Erpressung:	*Suche ein Wort aus der Wortfamilie!*
Erpressung:	*Achte auf die Endung des Wortes!*

Aufgabe 3: Zeichensetzung

Das Wort „Wiese" erweckt in den Menschen recht unterschiedliche Vorstellungen. Der Naturfreund sieht ein buntes Stück Natur vor sich, in dem viele verschiedene Blumen- und Gräserarten wachsen. Der Landwirt denkt vor allem an sein ertragreiches Grünland, das er regelmäßig düngt und mehrmals jährlich mäht oder als Weide verwendet.

Aufgabe 4: Wörter ergänzen

regnen – regnerisch; die Erklärung – erklärbar; das Wissen – wissen

Korrekturhinweis:
Für jedes richtig eingesetzte Wort gibt es einen halben Punkt.

Aufgabe 5: Textkorrektur

1. überschritten
2. öffnet
3. Prägung
4. Verglichen
5. kurz

Vorbereitung auf die Prüfung III

1. Modifiziertes Diktat (10 P.)

Schreibe den Text (s. S. 97) nach Diktat auf! Überarbeite ihn anschließend mithilfe gelernter Strategien und dem Wörterbuch!

_____

_____

_____

_____

_____

_____

_____

_____

_____

_____

_____

_____

_____

_____

_____

Otto Mayr: Neue Aufgabenformen im Rechtschreibunterricht © Brigg Pädagogik Verlag, Augsburg

2. Welche Lösungsstrategie eignet sich am besten, um die Rechtschreibung an der gekennzeichneten Stelle zu überprüfen? Setze je ein Kreuz! (3 P.)

viel Neues	Ich achte auf die Endung.	
	Ich trenne nach Silben.	
	Ich beachte das Signalwort.	
	Ich steigere das Wort.	

mild	Ich bilde den Infinitiv.	
	Ich bilde den Plural.	
	Ich denke über den Sinn des Wortes nach.	
	Ich verlängere das Wort.	

schärfen	Ich zerlege das Wort in einzelne Silben.	
	Ich suche ein verwandtes Wort aus der Wortfamilie.	
	Ich überprüfe die Wortart.	
	Ich achte auf die Endung.	

3. Setze im folgenden Text die acht fehlenden Satzzeichen ein! (4 P.)

Warum reagierte er so seltsam Als er den Namen „Rick" hörte hatten seine Lippen gezuckt sein Rücken schien sich zu versteifen Ich hatte sofort das Gefühl dass es damals böses Blut zwischen den beiden gegeben hatte Was war geschehen dass eine solche Feindschaft entstanden war

4. Im folgenden Text sind sieben Wörter falsch geschrieben. Streiche diese im Text durch und schreibe sie fehlerfrei auf! Ein Wörterbuch hilft dir bei der Lösungsfindung. (7 P.)

Schober lebte seit zehn Jaren in München. Vorher hatte seine Firma ihren Sitz im Ausland gehabt, aber er handelte mit Kraftmaschienen – Turbinen, Generatoren und so weiter – und diese wurden alle in Schweden hergestellt. An meinem Ankunfstag fand gerade die alljährliche Handelsmesse statt, daher konnte Schober mich nicht selbst abhohlen, sondern schikte die Werbeleiterin der Firma, eine junge Frau Namens Paula. Ihre stroblonden Haare erregten Aufmerksamkeit.

- _____

- _____

- _____

- _____

- _____

- _____

- _____

Erreichte Punktzahl: _____

Otto Mayr: Neue Aufgabenformen im Rechtschreibunterricht © Brigg Pädagogik Verlag, Augsburg

Vorbereitung auf die Prüfung III
(Korrekturhinweise s. S. 85)

Aufgabe 1: Modifiziertes Diktat

Der Unbekannte

Er trug eine weiße, hochgeschlossene Jacke und sah mich mit einem Ausdruck an, der nicht so sehr geringschätzig als einfach schmerzerfüllt war. Als er endlich das Wort an mich richtete, stand in seinen Augen eindeutig tiefer Schmerz. Ich hatte ihn gefragt, ob mein Freund schon angekommen sei, worauf er sich nach dem Zweck meines Besuches erkundigte. Als ich mich als alten Freund des Hauses bezeichnete, wurde er neugierig. Er wollte wissen, ob ich meine Adresse hinterlassen könne.

Aufgabe 2: Rechtschreibstrategien

viel **N**eues:	*Ich beachte das Signalwort.*
mil**d**:	*Ich verlängere das Wort.*
sch**ä**rfen:	*Ich suche ein verwandtes Wort aus der Wortfamilie.*

Aufgabe 3: Zeichensetzung

Warum reagierte er so seltsam? Als der den Namen „Rick" hörte, hatten seine Lippen gezuckt, sein Rücken schien sich zu versteifen. Ich hatte sofort das Gefühl, dass es damals böses Blut zwischen den beiden gegeben hatte. Was war geschehen, dass eine solche Feindschaft entstanden war?

Aufgabe 4: Fehlerkorrektur

1. Jahren
2. Kraftmaschinen
3. Ankunftstag
4. abholen
5. schickte
6. namens
7. strohblonden

Vorbereitung auf die Prüfung IV

1. Modifiziertes Diktat (10 P.)

Schreibe den Text (s. S. 101) nach Diktat auf! Überarbeite ihn anschließend mithilfe gelernter Strategien und dem Wörterbuch!

Otto Mayr: Neue Aufgabenformen im Rechtschreibunterricht © Brigg Pädagogik Verlag, Augsburg

2. Welche Lösungsstrategie eignet sich am besten, um die Rechtschreibung an der gekennzeichneten Stelle zu überprüfen? Finde jeweils eine passende Strategie! (3 P.)

Wort	Strategie
s**äu**erlich	
Ban**d**	
Gemeinsamkeit	

3. Setze im folgenden Text die neun fehlenden Satzzeichen ein! (4,5 P.)

Wärme aus der Erde

Wenn es um erneuerbare Energien geht sind bei Andreas Müller Erdwärmeanlagen der Renner Hier bei uns in der Gegend rentiert sich die Erdwärmenutzung erklärt er Herr Müller wohnt in der Eifel die immer noch vulkanisch aktiv ist obwohl schon lange kein Vulkan mehr ausgebrochen ist

4. Im folgenden Text sind sieben Wörter falsch geschrieben. Streiche diese im Text durch und schreibe sie fehlerfrei auf! Ein Wörterbuch hilft dir bei der Lösungsfindung. (7 P.)

Am Schluß steht die Inbetriebname. Bernd erklärt dem Kunden, wie er die Schaltzeiten für die Heitzung einstellen muss und sie – etwa für den Urlaub – programieren kann. „Manchmal muss ich mich da auch erst einlesen", sagt Bernd. „Ich kenne zwar viele Anlagen, aber eben nicht alle." Bereits heute gehöhren Erdwärme- und Solaranlagen zum Angebot vieler Betriebe. Ohne Weiterbildung geht im Bereich der Erneuerbaren Energien aber kaum etwas, wie Bernd weiter betohnt.

- _____

- _____

- _____

- _____

- _____

- _____

- _____

Erreichte Punktzahl: _____

Vorbereitung auf die Prüfung IV
(Korrekturhinweise s. S. 85)

Aufgabe 1: Modifiziertes Diktat

Das Bewerbungsfoto

Da jede Firma sich ein Bild vom Bewerber machen möchte, darf ein Foto in keiner Bewerbung fehlen. Dabei dürfen aber keine Schnappschüsse verwendet werden! Nimm dir lieber Zeit und lasse von einem Fotografen Passfotos machen, die in der Bewerbung einen guten Eindruck hinterlassen. Bilder vom Automaten haben in einem Bewerbungsschreiben nichts zu suchen.
Das Foto kann entweder auf dem Deckblatt oder aber auf dem Lebenslauf befestigt werden.

Aufgabe 2: Rechtschreibstrategien

säuerlich: *Ich suche ein verwandtes Wort aus der Wortfamilie.*
Band: *Ich bilde den Plural.*
Gemeinsamkeit: *Ich beachte die Endung.*

Aufgabe 3: Zeichensetzung

Wärme aus der Erde

Wenn es um erneuerbare Energien geht, sind bei Andreas Müller Erdwärmeanlagen der Renner. „Hier bei uns in der Gegend rentiert sich die Erdwärmenutzung", erklärt er. Herr Müller wohnt in der Eifel, die immer noch vulkanisch aktiv ist, obwohl schon lange kein Vulkan mehr ausgebrochen ist.

Aufgabe 4: Textkorrektur

1. Schluss
2. Inbetriebnahme
3. Heizung
4. programmieren
5. gehören
6. erneuerbaren
7. betont

6. Schlag nach! Grammatikalische Grundbegriffe

Hier in diesem Überblick findest du in alphabetischer Reihenfolge alle Begriffe,
die auf den Kopiervorlagen verwendet werden, nochmals kurz erklärt.

Adjektiv *Bedeutungsgleiche Begriffe:* Eigenschaftswort, Wiewort	Ein Adjektiv kann ein Nomen näher beschreiben. Es „trägt" dann den gleichen Fall wie das Nomen. Zudem können Adjektive gesteigert werden.	hell, blind, schön *Steigerung regelmäßig:* hell (Grundstufe), heller (Komparativ = Vergleichsstufe), am hellsten (Superlativ = Höchststufe) *Steigerung unregelmäßig:* viel, mehr, am meisten
Artikel *Bedeutungsgleiche Begriffe:* Begleiter	Man unterscheidet bestimmte Artikel (der, die, das) und unbestimmte Artikel (ein, eine, eines). Artikel drücken das Geschlecht eines Nomen aus.	*Bestimmt:* der Dachdecker, die Kerze, das Lob *Unbestimmt:* ein Dachdecker, eine Kerze, ein Lob
Dehnung	Manche Wörter werden lang gesprochen. Dies geschieht durch die Dehnung. Man unterscheidet das Dehnungs-h, Dehnung durch -ie oder die Dehnung durch zwei Selbstlaute. Stehen ein Dehnungs-h oder zwei gleiche Selbstlaute hintereinander, folgt niemals ein Doppelmitlaut oder „tz" bzw. „ck".	*Dehnungs-h:* Mühle, mahlen, mahnen *Dehnung durch -ie:* Sieger, sieben, schwierig *Dehnung durch doppelten Selbstlaut:* leer, Seele, Saal
Infinitiv *Bedeutungsgleiche Begriffe:* Grundform	Der Infinitiv gibt die Grundform eines jeden Verbs an.	erneuern, staunen, sammeln
Konjunktion *Bedeutungsgleiche Begriffe:* Bindewort	Eine Konjunktion verbindet zwei Satzteile miteinander.	dass, damit, um, und Ich glaube, dass die Idee funktionieren könnte.
Mitlaut *Bedeutungsgleiche Begriffe:* Konsonant		b, c, d, f, g, h, j, k, l, m, n, p, q, r, s, t, v, w, x, y, z
Nomen *Bedeutungsgleiche Begriffe:* Substantiv, Hauptwort, Namenwort	Ein Nomen schreibt man stets groß. Du kannst immer einen Artikel vor das Nomen setzen. Auch Eigennamen sind Nomen (werden aber meist ohne Artikel verwendet). Bei den Nomen unterscheidet man vier Fälle: Nominativ, Genitiv, Dativ, Akkusativ. Außerdem noch Singular (Einzahl) und Plural (Mehrzahl).	*Konkrete Nomen:* der Ball, die Pfütze, der Garten *Abstrakte Nomen:* der Enthusiasmus, die Plage, das Empfinden *Eigennamen:* Donau, Australien, Gerd

Plural *Bedeutungsgleiche Begriffe:* Mehrzahl		zwei Bären
Pronomen *Bedeutungsgleiche Begriffe:* Fürwörter	Man unterscheidet u. a.: Höflichkeitspronomen, Personalpronomen, Relativpronomen.	*Höflichkeitspronomen:* Sie, Ihnen (Anrede!) *Personalpronomen:* ich, du, er, sie, es, ihr, wir, sie *Relativpronomen:* der Zirkus, der
Selbstlaut *Bedeutungsgleiche Begriffe:* Vokal		a, e, i, o, u
Silbe	Eine Silbe ist ein Teil eines Wortes und kann nicht für sich allein stehen. An Vor- und Endsilben kann man die Wortart erkennen.	ent–lau–fen
Singular *Bedeutungsgleiche Begriffe:* Einzahl		ein Bär
Verb *Bedeutungsgleiche Begriffe:* Tunwort, Tätigkeitswort	Ein Verb beschreibt, was passiert. Ohne ein Verb wäre jeder Satz unverständlich. Die Grundform des Verbs nennt man Infinitiv. Ein Verb kann gebeugt werden und in verschiedenen Zeitformen stehen. Man unterscheidet regelmäßige und unregelmäßige Verben.	*regelmäßig:* springen, tanzen, regnen *unregelmäßig:* leiden, schlafen, reiten *Beugung:* ich springe, du springst, er/sie/es springt, wir springen, ihr springt, sie springen *Zeiten:* Präsens: ich springe Präteritum: ich sprang Perfekt: ich bin gesprungen Plusquamperfekt: ich war gesprungen Futur: ich werde springen
Wortfamilie	Eine Wortfamilie umfasst alle Wörter mit dem gleichen Wortstamm.	Zögling, zögern, zögerlich